U0512809

红砖头 著

上海人民出版社

一切源于对城市生活宝藏的觊觎。

时代飞速向前，新生和消逝的快速更替，让我们产生了一种直觉的记录冲动。观察记录我们正经历着的，既是现下的城市生活参照，也为未来社会的发展留存史料宝藏。

"寻宝"团队就此成立，外滩是我们踏出的第一步。

很快，我们发现这一思路竟然和日本的"考现学"不谋而合。这一当代学派关注现代城市生活现象，强调以客观多样的视角观察、记录并分析城市景观以及生活方式的变化。边交流边学习，我们越走越坚定。

外滩对于上海有多特殊，她所呈现出的生活形态就有多丰富。

她前后不一，她变也不变。从 2011 年启动城市考现项目至今，我们无数次行走在外滩，从最初略带陌生的距离感，到日渐熟悉的亲切感，最重要的，是不断有新发现的兴奋感。

外滩，就是宝藏！

考察的成果固然重要，但更为美妙的，是一路发现的过程。

为了实验我们的考现成果，更为了让你也能体验这逐步靠近、充满期待的过程，我们精心设计了本书的 4 组密码。

细小到街道上的声音、看得见风景的窗口、平常人的生活状态，宏大到成片的建筑物、纵横交错的人物关系网，无论跟随哪一组密码，都将解锁观察外滩的新角度。

所以，外滩的密码并不在高高矗立着的某幢百年建筑里，也不在气象信号塔的地下室或沿江步道的某块砖石上，它在你行走的脚步里，指引你发现身边的宝藏。

当我们试着抽离主观，仿佛同时睁开了认识自己、认知世界的第三只眼。人类的发现，是一场永不停步的旅程。我们已经出发，你来吗？

2018 年 4 月 20 日 上海

目　录

关于本书

要了解一片区域，最直接的方式是行走和观察。

本书的观察范围包括了外滩游览区、南外滩、北外滩以及由北苏州路 - 延安东路 - 中山东一路 - 河南中路合围而成的区域。一次次行走其间，当我们用眼睛看，用耳朵听，用鼻子闻，用嘴尝，用手摸，用心体会……外滩所承载的城市生活状态渐渐显现出更鲜活的面貌。

作为一本城市考察发现笔记，我们尽可能保留笔记的现场感和不同观察者的视角。串联全书的 4 组密码，正是不同角度的呈现。请你解读、带你一起发现，是我们想到最好的分享方式。

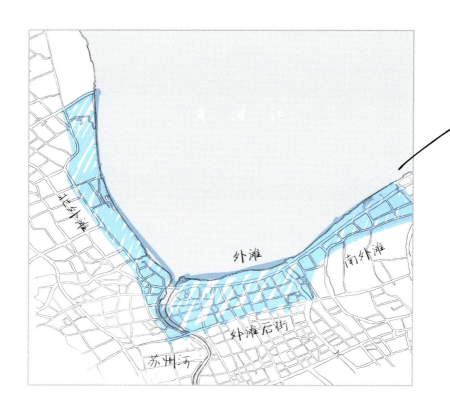

历时 463 天

参考文献逾 3300 万字

编集文本 160 万字

考察涵盖 21 条道路

4 座桥梁

173 座主要建筑

包括 98 座优秀历史建筑

60 处不可移动文物

现场采集 38240 张街拍图片

约 300 分钟环境音频

超过 47200 分钟视频

汇总 54 个考察主题

看得见的声音

鸟鸣 钟响 船行 东流

风从楼间穿过

爵士乐正摇摆

那一刻　我们按下快门

定格 彼时的声音

hua-
hua-

18

解码看得见的声音

6—9—10—12—15—16—18—19—24

我们用时间编写了这组密码。跟随数字密码的指引，在每个特定的时间段，你将解码外滩特有的声音画面。

清晨6点，黄浦公园的人声鸟声似乎唤醒了整座城市；9点，海关大楼的钟声悠扬回响；10点，南京东路慢慢热闹起来；中午12点，走进充斥着人声与碗碟碰撞声的大壶春，来一份地道美味的上海小吃。午后，继续江边漫步，15点的黄浦江岸尽是江水涌动与水鸟细语的天然之声；16点过后，捕鱼者展示他们的战利品，围观人群发出啧啧的赞叹声；18点，观景平台那里传来维持秩序的喇叭声；19点，好好享受林肯爵士乐上海中心的演出吧；演出结束还不尽兴？和平饭店优雅的老年爵士乐队应该还在表演，不知不觉，已是午夜时分……

密码数字为24小时制的时间信息

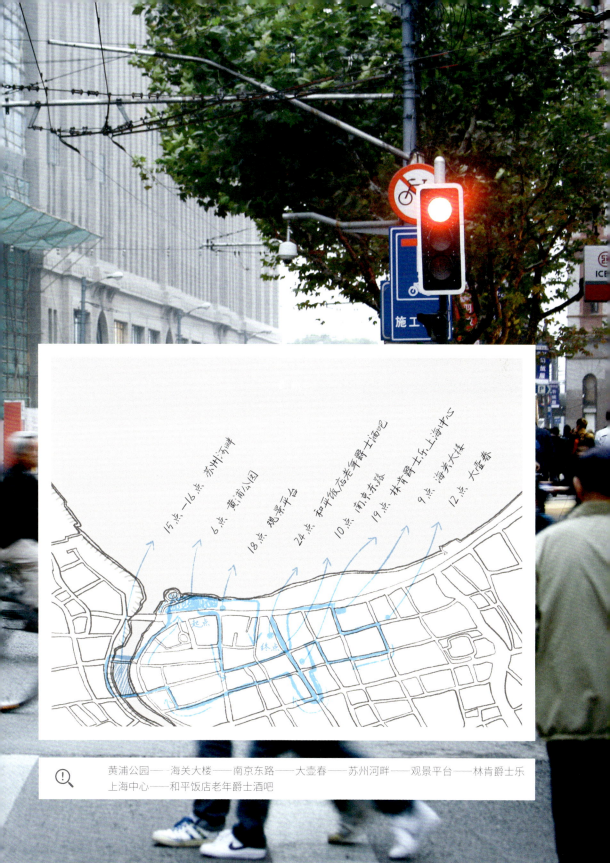

黄浦公园—— 海关大楼——南京东路——大壶春——苏州河畔——观景平台——林肯爵士乐
上海中心——和平饭店老年爵士酒吧

建筑的潮汐

绵延的长堤

和岸线一般弧度的万国建筑

稳健如磐石的转角大楼

贝壳般散落的里弄

我们穿行在 潮汐荡涤处

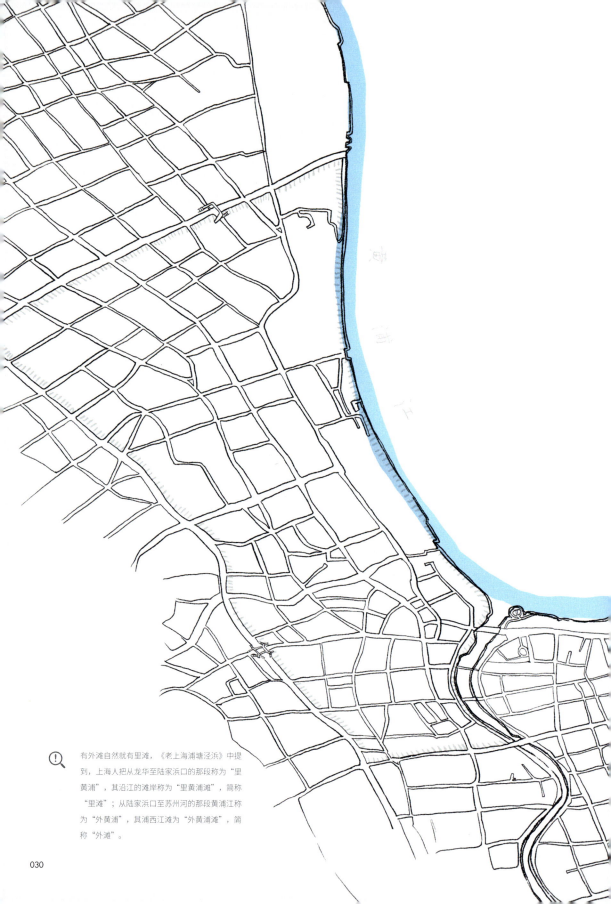

有外滩自然就有里滩，《老上海浦塘泾浜》中提
到，上海人把从龙华至陆家浜口的那段称为"里
黄浦"，其沿江的滩岸称为"里黄浦滩"，简称
"里滩"；从陆家浜口至苏州河的那段黄浦江称
为"外黄浦"，其浦西江滩为"外黄浦滩"，简
称"外滩"。

漫步堤岸

外滩原是指早期洋船停泊区与租界区之间的水陆衔接地带，随着外滩范围的不断扩大，如今最能体现这种水陆衔接的，便是临江第一重的堤岸。从 19 世纪 70 年代初江岸滩地的纤道，到 19 世纪末 20 世纪初，变成鹅卵石煤屑路面的滨江干道，再到 1920 年代宽阔壮观的"扬子路"，逐步添上草坪、座椅、林荫、路灯、雕塑铜像，直到 2010 年综合改造后，今天我们所漫步的沿江堤岸，已被时光慢慢冲刷成绵延美好的市民公共空间。沿江步道、黄浦公园、南外滩和北外滩共同构成了这条蜿蜒的堤岸。

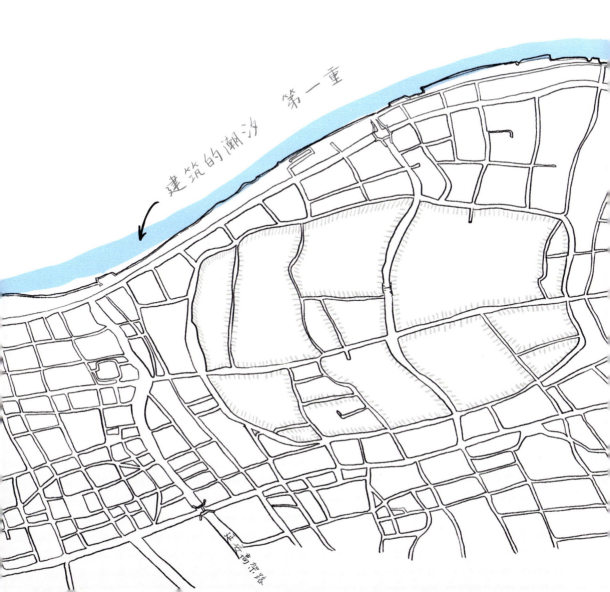

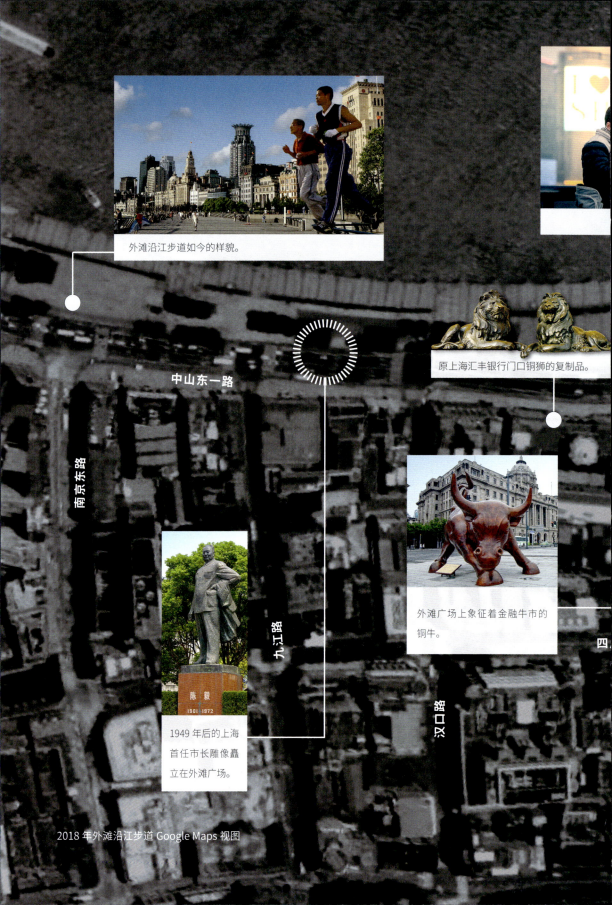

外滩沿江步道如今的样貌。

原上海汇丰银行门口铜狮的复制品。

中山东一路

南京东路

九江路

1949 年后的上海首任市长雕像矗立在外滩广场。

陈毅
1901—1972

外滩广场上象征着金融牛市的铜牛。

汉口路

四

2018 年外滩沿江步道 Google Maps 视图

外滩"情人墙"旧照 · 图片来源于网络

夜幕降临，人们簇拥在黄浦江边和对岸地标性的陆家嘴建筑群合影。

延安东路

沿 江 步 道

　　从黄浦公园到新开河的这一段黄浦江畔，拥有全长将近 2000 米的沿江步道。这里有昔日著名的"情人墙"，那些沐着江风、呢喃私语的一对对情侣，组成了一道浪漫的风景线。尽管由于空间有限，每对情侣之间几乎没有空余的间隔，但他们却没受到任何影响，沉浸在自己的小世界中。情人墙是特殊时期的产物，也记录了一个时代的浪漫。2010 年世博会前，外滩进行了整体改造，那片曾经闻名全国的防汛墙已被拆除，对岸的风光和黄浦江的波澜一览无余，更多了另一种浪漫。人们离黄浦江更近，也更亲水，许多游人慕名而来，吹着江风走一走，欣赏两岸的地标性风景。

　　外滩沿江步道，是中国最美的步行道之一，走在这里，任谁都会放慢脚步。也许会迎面遇见各式各样的人：晨练的、拍照的、读书的、观夜景的，或者只是在此小憩的；外滩气象信号塔耸立了百年；金融广场的"外滩金融牛"则一如既往地牛气冲天……当日出的朝霞和日暮的余晖洒在江面上，洒在人行道上，水和岸融成了最美的光影，你会由衷感叹黄浦江的风采。

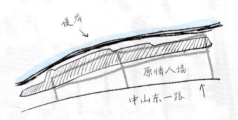

堤岸

原情人墙

中山东一路

如今，黄浦公园内上海市人民英雄纪念塔屹然挺立，塔底则是记录着外滩百年历史的外滩历史纪念馆。外滩历于 1995 年 9 月落成，2010 年经过移位修复重新开放。它展示了外滩开埠 175 年来的历史变化，突出了滩的保护和保护性开发，也补充了外滩从有史以来在金融方面的功能介绍。纪念馆的入口坐落在纪念塔处，参观时绕上一圈正好回到起点。

露天音乐会是当时黄浦公园的一大特色，由于演出都是在这座精美的凉亭内举行，人们就将它呼作"音乐亭"。图为 1897 年公园首次向华人开放时的景象。

1918 年外滩公园（当时公家花园）鸟瞰图

"浦江潮"雕塑

黄浦公园锻炼的人群。

黄浦公园

　　黄浦公园始建于 1886 年，是上海、也是中国第一家真正意义上的公园。在它之前，中国有很多大户人家的私家园林，却没有专为公共空间而设计的公共园林。但在落成之初，黄浦公园也只是"公家花园"或"西人花园"，听这名字就知道，那时的它还是一个特权花园。

　　黄浦公园是夏夜纳凉的好地方。除了茂密的树木和美丽的园景，露天音乐会也是黄浦公园的一大特色，最早由英国军舰上的乐队演奏，后改由工部局管弦乐队演出。仲夏之夜，人们一边喝着饮料，一边欣赏悦耳的音乐，月色迷离，江帆幢幢……但这只是侨民的专利。历经整整 60 年的斗争，中国人才取得了堂堂正正进入公园的资格。

　　比邻外白渡桥，背靠万国建筑，正对陆家嘴美景，黄浦公园依旧是观赏浦江两岸风光的绝佳位置，不同的是，如今这里再不是"西人花园"，而是真正成了所有人的游憩之地。

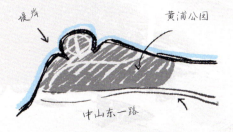

外滩　　　　　　　　黄浦公园

中山东一路

十六铺观景平台　　中山东二路

城隍庙片区中的中式园林—豫园！

南外滩黄
旧楼基础
只隔了十
原则，营

"到上海不去城隍庙，等于没到过大上海。"地处南外滩西北不远处的城隍庙里人山人海，热闹异常，汇聚了来自各地的游客。自 16 世纪以来，这里基本维持着原样。

说起上海的传统点心，地道的上海人定会推荐你去一趟靠近南外滩的老城厢。那里常年汇聚人气，也几乎汇聚了整个上海的特色名点。小笼包、春卷、汤团……凭借着日积月累的口碑和几十年如一日的口味，引得一大群忠实粉丝常年追随。

人民路　　方浜中路　　旧校场路　　河南南路

2018 年南外滩 Google Maps 视图

中华路

...路上，有一座在 1930 年代的
...品酒店——水舍，它和黄浦江
...的 19 套客房遵循设计"做旧"
...业风格。

...老城厢也在南外滩的西北方向。
...相接的中华路与人民路，是上海
...圈的城墙和护城河所在。如今人
...们仍供奉关公的大境阁，是当年
...的观景台，走进去还能见到仅存
...长约 50 米的古城墙。

南外滩

沿着黄浦江畔往南行，这一片位于外滩
和 2010 年世博会址之间的区域，我们称之
为"南外滩"。这里坐落着曾经的远东最大
码头、上海的水上门户——十六铺，迄今已
有一百多年的历史。俗话说，"先有十六铺，
后有上海滩"，其实十六铺码头并不是"一
个"码头，而是各个历史时期十六铺地区那
么多码头的总称。具体有多少？看看 1947
年的统计数据，当时这里就有 48 座码头！

如今，历经整体改造后的十六铺码头华
丽变身为绵延 600 米，贯通地上地下的大型
综合性建筑。这里不仅是黄浦江水上旅游中
心，还具有公共滨江绿地、大型商业餐饮和
大型停车库等各种功能。名为"浦江之云"
的曲线玻璃棚飘逸起伏，成为一道亮丽风景。

位于南外滩的老码头区域则是由旧仓库
改建的餐饮娱乐区，坐在临江露台，可从难
得的侧角欣赏陆家嘴摩天大楼。临江弄堂、
老式石库门群落里，似乎还流传着上海滩大
亨们的故事。一个曾经成全过无数梦想的老
码头，至今仍能带来无尽遐想。

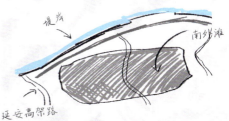

武进路

海宁路

吴淞路

建于 1846 年的礼查饭店（今浦江饭店），建筑风格呈现维多利亚巴洛克式，是当时上海最豪华的西商饭店。集合各种传奇的孔雀厅在 20 世纪初获得"远东第一厅"的美誉。

河滨大楼 1930 年时的景象与现在的景象。

河南北路

四川北路

天潼路

乍浦路

苏州河

2018 年北外滩 Google Maps 视图

7年的摩西会堂，如今作为"上海犹太难民纪念馆"
。2007 年建馆以来，纪念馆已征集了数百件与犹
目关的文件、物品和视频，真实生动地再现了犹太
上海生活。

的黄浦江沿岸，已经被改建成为开
台。在这里可以同时欣赏陆家嘴和
群，观看苏州河与黄浦江交汇，偶
水鸟从上空飞过。

的北外滩在具有 160 年装卸历史的高阳码头上重新修建了有"一滴
之称的上海港国际客运中心。
难见证了上海码头文化的变迁。如今在北外滩滨江沿岸的绿地之中，
成了露天形式的"老上海码头文化博物馆"，从脚下的地砖、眼前
离幕墙，都能追溯老上海码头文化的发展史迹。

黄浦江

北外滩

从外滩过外白渡桥，沿着东大名路一路
向东，就来到了"年轻的"北外滩。说"年
轻"，因为它从航运和工业中心变为可游览
的滨江空间不久；但它还是古老的，因为这
里曾是汇山码头的所在地，也是 20 世纪初
几乎所有到访上海的外国名人登陆的地方。

北外滩厂房上那些粗大的烟囱早已不再
吐出白色的蒸汽，锈迹斑驳的工业管道不过
是昔日时代的见证……如今这里的滨江公共
空间已经贯通，艺术家们将原有的工业厂房
进行了艺术改造，漫步其间，历史与现实、
艺术和工业、视觉冲击和文化内涵之间形成
强烈对比，撞击着人们的心灵。

这里还藏着一艘"诺亚方舟"。二战期
间，上海总共接纳了近 3 万名为逃离纳粹的
屠杀迫害而来沪的犹太难民，为他们撑起了
一艘"诺亚方舟"。长阳路上的摩西会堂遗
址就是当时在沪的犹太难民们聚会和举行宗
教仪式的场所。

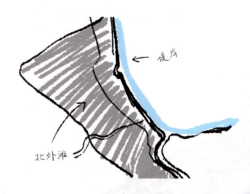

本节所提及柱式中英文名称
多立克柱式 Doric Order
爱奥尼柱式 Ionic Order
科林斯柱式 Corinthian Order
托斯卡纳柱式 Tuscan Order

走入万国建筑

　　如果说第一重堤岸是陆地与黄浦江水的间隔，那这第二重高大雄伟的万国建筑博览群才是外滩建筑潮汐的精髓。从 1846 年建造第一幢带有外廊的建筑物起，外滩先后经历了 3 次大规模改造，而我们现在看到的万国建筑群是在 20 世纪 30 年代才正式成形的。它们出自不同设计师之手，但轮廓协调；它们的建成甚至相隔近百年，但格调统一。你可能在沿江步道上远望过它们，或许也从那些高楼前走过，但这一次，我们推门走了进去，去亲身感受他们古老外表下鲜活的现代灵魂。

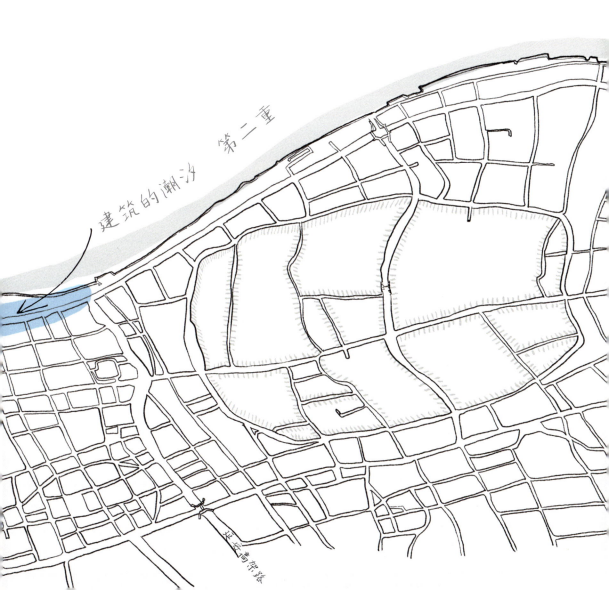

建筑的潮汐　第二重

就是眼前的这些高楼，共同构成了外滩连绵起伏的天际线。它浑然天成的韵律与对岸的浦东天际线遥相呼应，在我们眼中，这仿佛就是上海历史与现代的冲撞与共鸣；而沿着长堤一字排开的万国建筑们，更像是一部部等待翻看的经典建筑教科书。于是我们依照它们的落成时间逐一探访，虽然不是每幢大楼都"开门迎客"，但只要有机会推门而入，每每都收获惊喜。

我们的行程是从现存万国建筑中最"年长"的英国领事馆开始的。

外滩源壹号

原名：英国领事馆

地址：中山东一路 33 号

建成年代：1873 年

设计：格罗斯曼 & 鲍伊斯

气象信号塔　　　　　　　　中山东一路　　　　　　　1873年

英国领事馆旧址现名外滩源壹号，其中一幢目前作为百达翡丽源邸对外开放。

从远处看，一栋二层洋楼静静矗立在苏州河和黄浦江边，外墙由古希腊风格的石柱配以花砖相砌而成，透露出沉稳大气的建筑风格。进门后，看到楼内分为两层，共九个房间，砖木的装饰衬托出优雅和古典的气息。整个一层为时计系列展示厅，其中最引人注目的是一盏法国独家定制的水晶吊灯，雕刻精细，映得展厅熠熠生辉。沿木梯而上，二层中央展厅陈列着珍贵藏品，旁边的贵宾会客厅可供爱好者和收藏家举行沙龙活动。

作为上海保存不多的早期西洋建筑，英国领事馆旧址也几经变迁。1849 年，英国驻上海领事馆迁入外滩修建官邸，然而，1870 年冬天的一场大火将这里付之一炬。之后重建时，设计师并没有完全照搬英国本土模式，而是考虑到上海与英国在气候上的差异，设计上融合中西方风格为一体：外围是清水砖墙，屋顶是中式蝴蝶瓦。之后近百年的时间里，这里一直作为英国驻沪领事馆使用。

我们就将这里作为走入万国建筑博览群的起点。

扁圆拱

原轮船招商
总局大楼

原名：旗昌洋行

地址：中山东一路 9 号

建成年代：1901 年

设计：通和洋行

气象信号塔　　　　1901 年　　中山东一路

走在中山东一路上，极易被原轮船招商总局的大楼吸引。这是一座仿文艺复兴风格的新古典主义大楼，几面罗马拱券的落地长窗正对着街巷，底层是石砌外墙，上面则是清水红砖，红灰两色的搭配在阳光下呈现出鲜亮又沉稳的质感。大楼经多次修复，屋顶的山花和尖顶得以重见天日，砖块里注入的环氧树脂也使得老楼更历久弥新。据传楼内原有的木扶手和栏杆雕花做得相当精致。

旗昌洋行是这里最早的主人，清政府洋务派创建的轮船招商局于 1891 年购买此地块，收购旗昌洋行后便在此兴建大楼。这栋大楼虽几经易主，但几乎都和航运有着千丝万缕的关系。2001 年起，大楼由招商局集团公司（旗下的招商轮船）上海办事处使用，2017 年后公司搬迁至浦东新址。据称这栋楼不久将重新开放。

半柱

入口处门廊两侧装饰有科林斯壁柱

中国外汇交易中心大楼

原名：华俄道胜银行大楼

地址：中山东一路15号

建成年代：1902年

设计：倍高洋行

气象信号塔　　　　　　　　1902年　中山东一路

大楼原由华俄道胜银行入驻，是外滩出现的第一幢以天然石块堆砌而成的巨型建筑。外墙底层由整块石头砌成，正面门廊两侧皆为托斯卡纳式双柱，外立面二、三层造有爱奥尼式石柱和壁柱。站在楼前，古典文艺风格的气息扑面而来。走进楼内，整个厅室十分宽敞，底楼中央大厅高达三层，头顶还有彩绘玻璃天棚覆盖，白天可以看见五彩斑斓的光影在地板上游走。沿大理石扶梯走上二楼，墙壁上镶嵌着的人物浮雕，引得大家纷纷驻足欣赏。

这栋建筑的成功落成打破了在上海不宜建造巨型建筑的旧观念，大楼使用至今没有出现裂缝。最早入驻的华俄道胜银行是近代中国出现的第一家，也是唯一一家中外合资银行。20世纪80年代后期，这里曾短暂供上海航天局使用。1991年，中国外汇交易中心进驻此楼。

中国外汇交易中心
CHINA FOREIGN EXCHANGE TRADE SYSTEM

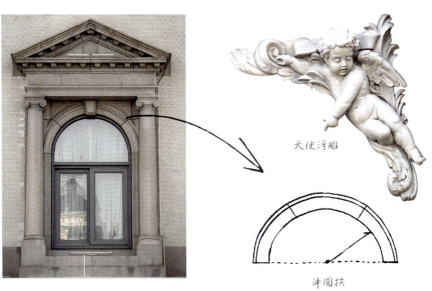

天使浮雕

半圆拱

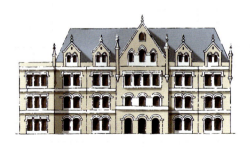

外滩六号

原名：中国通商银行大楼

地址：中山东一路 6 号

建成年代：1906 年

设计：玛礼逊洋行和格兰顿

气象信号塔　　1906 年　　　中山东一路

1　2　3　5　6　7　9　12　13　14　15 16 17 18 19　20　23 24 26　27　28 29　30

外滩六号夹在古典庄重的大楼中间，别具一格。远远地就能望见它哥特式的小尖顶，像是锯齿状的小牙咬着天空。走近了看，小尖顶配上老虎窗、灰色粉刷墙面，窗框样式各异，巴洛克柱式也各有特点，烘托出整幢建筑强烈的立体感，显得生机勃勃。

楼内一层有汇丰银行；二楼可以尝到口味地道的日本料理；三楼环境优雅的西餐厅里，牛排和鳕鱼很受欢迎。

1897 年 5 月，中国通商银行在此开业，这是中国人自办的第一家银行。因大楼与元芳弄相邻，也曾叫"元芳大楼"。之后几经变迁，我们今天所见的大楼是在 1906 年翻建的。2006 年，这里被打造成为外滩六号，兼有金融、餐饮、酒吧等多种功能，运营至今。

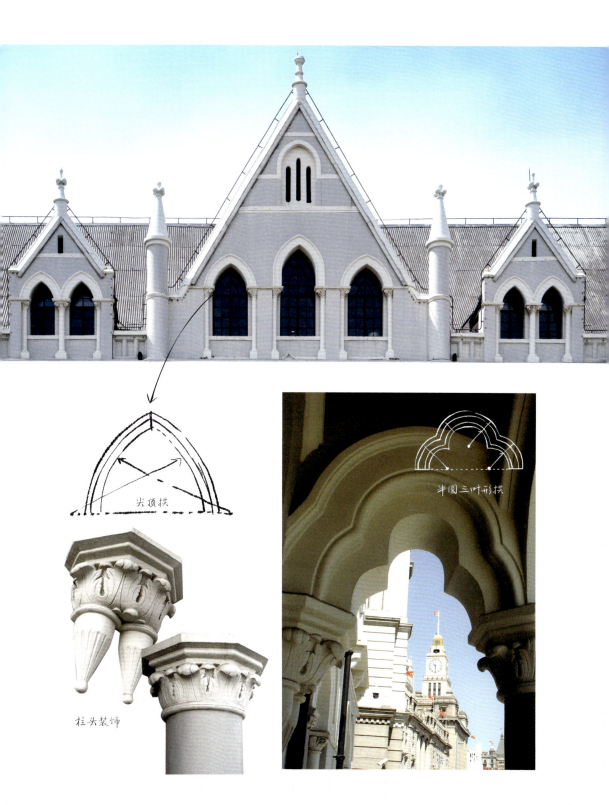

尖顶拱

半圆三叶形拱

柱头装饰

盘谷银行大楼

原名：大北电报公司大楼

地址：中山东一路7号

建成年代：1907年

设计：通和洋行

气象信号塔　　　1907年　　　中山东一路

大楼为黑白两色，外观整体呈法国文艺复兴式风格，仅在入口和两翼点缀巴洛克式装饰。从正面看，它的外立面是完全对称的有明显的横竖向三段式划分，一排排的砖混结构，规矩齐整。在二楼外立面可以看到经典的罗马式拱形、尖顶设计穿插排布，风格创新。在各国口音交错混杂的外滩，似乎连建筑也被各地的特色感染：整体呈现欧洲风情的大楼墙面上，镶着印度教图腾装饰，露出海纳百川的一角来。

1881年，盛宣怀创办电报总局，成为中国自办电报的发端。而眼前这栋建筑，虽然边门门楣上，依然可以看到建造时镌刻的原业主"轮船招商局"字样，但其实大楼自1907年建成之后就归电报局使用，并是其总部所在。20世纪90年代后一楼改为泰国盘谷银行。

改良式的扁圆拱

湿婆神坐骑迦楼罗

外滩气象信号塔

地址：中山东二路1号甲

建成年代：1908年

设计：马第

1908年   中山东一路

1 2 3 5 6 7 9 12 13 14 15 16 17 18 19 20 23 24 26 27 28 29 30

外滩气象信号塔属于阿脱奴婆（ATONOBO）式建筑风格，是洛可可风格的简化版。这是现存于世仅有的两座阿脱奴婆式信号塔之一，另一座在挪威。

外滩气象信号塔位于外滩最热闹的地段，站在信号塔下，其红白相间的圆柱造型提示着这座城市曾有的海港气息。如今一楼被布置成小型外滩历史陈列室，馆内陈列着外滩老照片和古董。在夏季19:00-23:00，冬季18:00-22:00的晚上，信号塔会亮灯，与江对岸的东方明珠交相辉映。这里还是拍摄外滩全景的好地方。

这座信号塔最初建于1884年，当年兼具报时和气象预报两项功能。1904年的夏天，塔上的木栏杆被台风折断，原法租界公董局只能原址上再建一座水泥信号塔。它是当年远东最高的气象信号塔，更是上海首个被成功保护下来的外滩纪念建筑。

斯沃琪和平饭店
艺术中心

原名：汇中饭店

地址：中山东一路19号

建成年代：1908年

设计：玛礼逊洋行

气象信号塔　　　　　　　　中山东一路　　1908年

在外滩一排威武庞大、表情严肃的大石头房子里面，斯沃琪和平饭店艺术中心显得很不一样。乍一见，它文艺复兴式的外表，红砖做的腰线，看起来轻盈而温暖；楼顶上两个巴洛克风格的小碉堡式小亭露出头来，有些奇特的华丽；走近楼前，白砖外墙配着弧拱、平拱等造型不一的窗，安静文艺。

这栋英国风格砖石结构的楼房，高6层，以南京东路的那一面为主立面。从南京东路这边看和平饭店，委实有一种宏大的感觉，但走到中山东一路一侧，却会觉得纤细小巧。除了与周围建筑对比的缘故，更由于它本身狭长的造型。

如今的这里，已变身为"斯沃琪和平饭店艺术中心"，为瑞士斯沃琪集团所有。进入正门，便是斯沃琪、欧米茄、宝玑、宝珀品牌等瑞士名表的天下，旁边还有展厅不定期举办展览。位于二、三层的艺术家空间面向全球的艺术家发出邀请，入住者可在此进行3-6个月的创作，并留下一件最优秀的艺术品供酒店收藏展出。五楼至六楼有一家能品尝到1945年佳酿的无国界美食餐厅。登上楼顶露台，对岸就是东方明珠塔，外滩的车水马龙、黄浦江的全景尽收眼底。

这里原名汇中饭店，最早为1854年建成的3层"中央饭店"，1903年方才改名。这里原本是一座英式建筑，也是当时上海最豪华的旅馆。旧楼进行重建时翻盖了六层，现在的建筑样貌是1908年正式落成的。当时为方便住客上下楼，饭店安装了2部电梯，成为上海乃至中国安装和使用电梯的首幢建筑。社会各界认为能入住其内、开派对宴请宾客，是头等时髦之举。而那时中国政府与列强谈判，以及租界当局的重要会议也常租借这里的会议厅举行，于是饭店一度成为了上海的一个政治中心。1956年，这里改名为"和平饭店南楼"。在其后的日子里，饭店同样发挥着重要作用，曾多次接待各国元首及国际政要。

1909 年 2 月，首届国际禁毒大会
（又称"万国禁烟会"）在汇中饭店举行

卷叶纹

上海外滩
华尔道夫酒店

原名：上海总会

地址：中山东一路 2 号

建成年代：1911 年

设计：马海洋行

气象信号塔 1911 年　　　中山东一路

1 2 3　5 6 7 9　12　13　14 15 16 17 19　20　23 24 25　27 28 29　30

　　外滩华尔道夫酒店的外观呈现文艺复兴时期英国复古主义风。大楼六楼的立面设计采用了变形的芒萨尔式屋顶，独树一帜，将建筑面积增大不少。

　　这里曾是名噪一时的上海总会，进到店内的长廊酒吧，入眼就是长达一百多英尺、当年远东最长的意大利大理石吧台。若是凑巧赶在周二、周六晚上，倒是有机会在廊吧欣赏一场爵士乐的演出，体会有爵士音符伴奏的外滩夜色。上到楼内二层宴会厅，宫廷式璀璨的水晶灯、明亮的落地窗，还有一个可俯瞰外滩的露天阳台。在五楼有古色古香的中式楼阁环境中，可以尝到地道的上海菜和广东菜。

　　当年的上海总会是上海最豪华的俱乐部之一。国际海员俱乐部于 1956 年进驻大楼，1971 年改为东风饭店。20 世纪 80 年代末，这里的二楼开设了上海第一家肯德基餐厅，曾屡次掀起排队热潮。大楼现在属于华尔道夫酒店，对外开放。

拍摄视角

圆拱

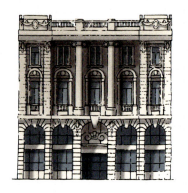

中国光大银行大楼

原名：东方汇理银行大楼

地址：中山东一路29号

建成年代：1914年

设计：通和洋行

气象信号塔　　　　　中山东一路　　　　　**1914年**

1 2 3 5 6 7 9 12 13 14 15 16 17 18 19 20 23 24 26 27 28 29 30

　　中国光大银行大楼是一幢颇具法国情调的建筑，比外滩大多数的楼都要高。大楼的外立面有多处精美的雕刻装饰点缀，呈现出一派巴洛克风格。入口拱门上方的卷涡状图案引人注目，别具风情。营业大厅顶部是玻璃天棚，天气好的时候，阳光透过棚顶洒下来，提升了室内的亮度。

　　东方汇理银行于1875年创设，总行在巴黎，1899年在上海设分行。当时为了能与其他银行展开竞争，东方汇理银行是唯一一家不设在法租界的法国银行，也正是因为这样，外滩才出现了一幢带有法国情调的建筑。这里创下了黄浦江边数个纪录：不仅是临江建筑中唯一具有法资背景的大楼，而且拥有外滩最高的平均层高——足足超过7米，是普通居民楼层高的2倍以上。

巴洛克式浮雕

托斯卡纳柱

巴洛克式卷涡状山花

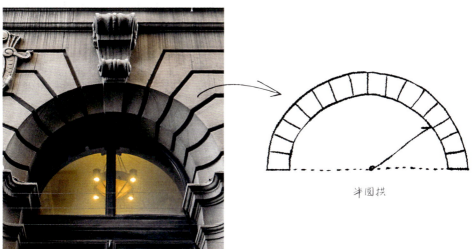

半圆拱

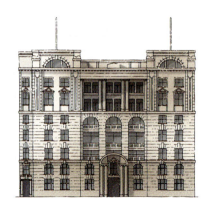

亚细亚大楼

原名：麦克波恩大楼

地址：中山东一路1号

建成年代：1915年

设计：马海洋行

气象信号塔　　1915年　　中山东一路

1 2 3 5 6 7 9 12 13 14 15 16 17 18 19 20 23 24 26 27 28 29 30

帽式山花圆拱

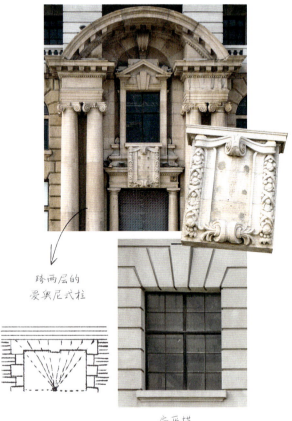

跨两层的
爱奥尼式柱

扁平拱

这幢气派的写字楼矗立在中山东一路和延安东路交叉路口，是外滩万国建筑群的起点。古罗马风情和巴洛克建筑风格在这栋楼上体现得淋漓尽致。建筑正门有4根爱奥尼式立柱，门楣用变形的巴洛克卷涡形图案作为装饰。大楼内的过道两侧都为白瓷砖贴面，显得安静敞亮，地面是马赛克样式，解除了墙面的单调。这里曾被称作"外滩第一楼"。

1915年，大楼竣工，名为"麦克波恩大楼"。1917年，以经销壳牌火油著称于世的亚细亚大楼租用此楼的底层及以上的部分楼层，因为"亚细亚"公司的标牌醒目地放置在大楼门前，此后人们也就习惯地称此楼为"亚细亚大楼"。这栋"外滩第一楼"目前正在改造，据称不久后将重新开放。

外滩三号

原名：有利银行大楼

地址：中山东一路4号

建成年代：1915年

设计：公和洋行

气象信号塔 1915年   中山东一路

1 2 3 5 6 7 9   12   13   14 15 16 17 18 19 20   23 24 26   27 28 29   30

这幢大楼虽然名为"外滩三号"，但是地址写的却是中山东一路4号，难免让看到门牌号的人有些意外。整体打量外滩三号建筑的外观，既有新古典主义风格，又有现代主义风格。立面采用三段式处理，外墙为花岗石贴面，砖面纵横排布。注意看细节，墙面有许多巴洛克式卷涡形图案点缀，窗格也饰以卷涡式图案，两相呼应。大门为经典拱形，门两边爱奥尼式柱修长矗立。

既然来到外滩三号，可以试一试这儿的餐厅：四楼是一家有世界级大厨坐镇的法国餐厅，鸡蛋鱼子酱是这家店的招牌，五楼有创意粤菜，还有六楼的意式餐厅、七楼的美式酒吧等等，品尝美味的同时还能欣赏浦江两岸风光。用餐完毕，不管是想逛逛"沪申画廊"，还是底楼的大牌旗舰店、家具品牌店、欧洲皮具店，都应有尽有。

这是上海第一座采用钢框架结构的建筑，也是公和洋行在上海设计的首个作品。1936年，英商有利银行的迁入，使得外滩三号成为

摄于外滩三号露台

上海首批入驻外资银行的建筑之一，当年由这家银行发行的纸币，如今具有很高的收藏价值。2004年，大楼被打造为综合商业楼。

中国农业银行
上海分行外汇营业部大楼

原名：扬子保险大楼

地址：中山东一路 26 号

建成年代：1918 年

设计：公和洋行

气象信号塔　　　　　中山东一路　　　　　1918年

半圆拱

浮雕装饰

　　大楼外观具有新古典主义风格特征，钢筋混凝土的结构使它看起来庄重严谨。抬头看，二楼外墙镶有5扇半圆形券窗，再往上数，有爱奥尼式柱置于六层中间，一派典雅之风。目光所能看到的建筑最顶层，芒萨尔式双坡屋顶显得小巧规整。

　　这幢建筑由扬子保险公司投资兴建，由旗昌洋行主要董事集资创办。20世纪30年代，上海的外商保险业十分兴盛，扬子保险公司资历最老且生意一直很红火。大楼建成后，除了公司自用一部分之外，其余则出租给中华、保家、保中等保险公司，因此大楼有"保险大楼"之称。1995年起，此楼由中国农业银行使用。目前大楼一楼为农业银行私人银行总部所在地。

上海清算所大楼

原名：怡泰大楼、格林邮船大楼

地址：中山东一路28号

建成年代：1922年

设计：公和洋行

气象信号塔　　　　中山东一路　　　　1922年

穿过北京东路，就看见这幢坐落在街转角的大楼以圆弧状的墙面朝向路口。整体来看，大楼属于英国新古典主义风格，有花岗石的外墙、爱奥尼式立柱、罗马拱券的大门，建筑线条柔和而流畅。站在对街，可以欣赏到二楼、三楼的挑出式阳台和外墙上的花带、花环浮雕装饰。值得一看的还有大楼临江一面的屋顶，从侧面望去，屋顶好似远洋巨轮上的瞭望台。另外，大楼内部大厅还有造型典雅的玻璃天顶。

怡泰公司总部长期设立于此，因此大楼被叫作"怡泰大楼"。怡泰公司当年是上海最大的外轮代理商行之一，为了便于与海外联系，楼内设计有收发报房，楼顶上装有天线，可以收发来自世界各地的电报。1951年，上海人民广播电台接手此地，广播之声就从这里传入上海的千家万户，直到1996年电台迁入新址。目前这里是上海清算所的办公地点。

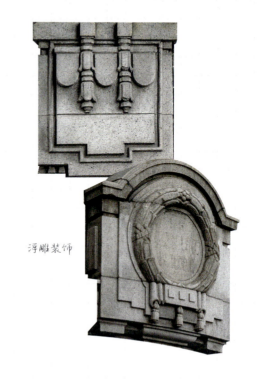

浮雕装饰

爱奥尼式柱

束棒装饰

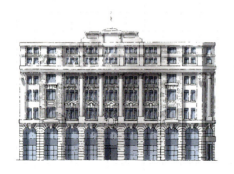

罗斯福公馆

原名：怡和洋行大楼

地址：中山东一路 27 号

建成年代：1923 年

设计：思九生洋行

气象信号塔　　　　　中山东一路　　　　　1923年

　　绕着罗斯福公馆大楼走一圈，发现它并不是一个规矩的四方体建筑，而是从西面凹进，俯瞰呈凹字形。整楼仿英国文艺复兴时期风格而建。看外观，它强调水平横线，十分典型。朝东的外墙立面分三段式呈现：底部一、二层铺设着粗凿花岗岩石，加以罗马拱券作为门和窗的装饰；往上看，中部的三至五层，用巨大的科林斯式柱作支撑，显得典雅豪华，同时增加立体感；顶部加盖的两层与下层质感不一，设计更加简洁。

　　二楼的罗斯福酒窖一定不能错过，它可能是上海最大的酒窖，藏有超过 20000 瓶葡萄酒，涵盖 2500 个品种，香槟有近 70 种。三楼是罗斯福私人会所，再到八楼还可以尝到精致的日本料理。

　　大楼原拥有者怡和洋行是最早进入上海的外资公司，他们最早的办公楼也只是

带凹槽的托斯卡纳柱

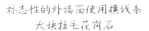

标志性的外墙面使用横线条
大块拉毛花岗石

原怡和洋行墙面仿生装饰

一幢两层的英国乡村建筑。20世纪初，随着其经营范围覆盖航运、纺织、轻工、食品等领域，怡和洋行逐渐成为上海最大的垄断组织。逐渐阔气的洋行在第一次世界大战结束之后，便开始在外滩翻新这栋大楼。2010年，罗斯福家族重新修缮这栋大楼，并改造成为罗斯福公馆。

外滩十八号

原名：麦加利银行大楼

地址：中山东一路18号

建成年代：1923年

设计：公和洋行

气象信号塔　　　　　中山东一路　1923年

麦加利银行现名Bund18（外滩十八号），是一座综合消费大楼。

在外滩宏伟、别致的建筑群里，Bund18不算特别，倒是门口停车处常常名车云集，吸引着路人注意。整体来看，大楼属于新古典主义风格。如果站在正面观察，主立面被分割成三种不同形式：基座用花岗石铺贴而成；二至四层采用两根巨大爱奥尼柱式作支撑和装饰；五层以上形成第三层次。外观上立体感十足。

走到门口，别忘了看看两边的铜门，据说这扇镂刻着繁复希腊纹样的铜门，可是外滩唯一使用青铜和紫铜混合铸造的。如果仔细打量，可以看到暗金色的"Chartered Bank of Australia, India and China"的字样，以表明这座大厦曾经的主人身份。历经岁月，这座大门依然保有当年的光泽。进门后是一个小门厅，装饰着4根大理石柱，有资料记载，它们是从托斯卡纳地区的一座教堂里不远万里运抵上海的。

这样一座历史悠久的大楼，如今充满了国际化、年轻化的氛围，活动多多。Bund18已然成为了上海时尚的新地标。

一楼和二楼被时尚精品品牌占据。文艺爱好者更熟悉位于四楼的外滩十八号创意中心，这里常会举办各类展览、文学讲座及艺术沙龙等。而购物、看展之余，或是品尝一下这里的美食，比如坐在七楼露台上，在微风中边饮酒，边观赏黄浦江两岸的夜色；或是在大堂咖啡座里，边喝咖啡边品味大楼的历史。

这里原来是进入中国第一家外国银行 —— 丽如银行（Oriental Banking Corporation）的所在地。据记载，当时流通在上海的钞票大多是该银行发行的。1892年，丽如银行出现严重亏损，于是奉总部之命宣布倒闭。随后渣打银行入驻其内，其上海分行以首任经理麦加利命名，该楼故一度被称为"麦加利大楼"。1922年由公和洋行设计、重建。

忍冬草纹样

跨楼层爱奥尼式柱

2002 年左右，为使这幢优秀历史建筑最大程度地保有原貌，大楼新主人聘请了意大利威尼斯的资深文物修复专家前来参与外滩十八号的改造装修。在工程进行当中，专家感叹说："这幢大楼承载了太多的历史痕迹，我们必须细心、耐心和负责任。所有这些工艺，我们曾在修复上千年历史的意大利教堂时使用过。"为了洗净但不伤害外墙表面，20 名工人用牙刷般的刷子共刷了 3 个月。修复内墙更为细致，他们将天然溶剂通过棉纸渗透到了大理石中，把浸渍其中的盐分吸收出来，恢复大理石原有的色彩。对于大楼楼道内原先已经斑驳不堪的内墙，建筑师们配制了糯米、大理石粉、石灰粉 3 种材料调配成的混合涂料，重新粉刷。据说，为配制这一特殊涂料，他们跑遍上海各大粮店，煮了一锅又一锅米饭做实验。

扁平拱

浮雕装饰

大楼门厅地面也有它的故事。专家们原先想用大块大理石来铺地面，后来发现地面由西向东已有 10 多厘米的高度差，这是上海一种特殊的地质现象——沉降。于是，他们改用上万块细小的大理石拼接，这般设计避免了坡度，竟然使得行走之人对地面的高低改变浑然不觉。

2004 年，这幢大楼改造装修工程竣工，转换了功能。它曾荣获 2006 年度亚太地区文化遗产保护杰出奖。

拍摄视角

上海浦东发展
银行大楼

原名：汇丰银行大楼

地址：中山东一路12号

建成年代：1923年

设计：公和洋行

气象信号塔　　　　1923年 中山东一路

　　听过汇丰银行大楼（现为上海浦东发展银行大楼）响亮的名头："从苏伊士运河到远东白令海峡最讲究的建筑"、"远东最大的银行建筑"，一直按捺不住想要亲眼看一看的心情。

　　远处观望，就能感受到大楼壮观的气势，宽敞的门面铺排开来，仿佛在宣告它是当之无愧的外滩地标王：它的占地面积和建筑面积都是外滩建筑的首位。走近了些，可以看到大楼外立面为新古典主义风格，横向划分为五段，中部有贯穿二、三、四层的仿古罗马科林斯式双柱。外观最吸引眼球的莫过于那个巨大半球形穹顶，晚上灯光亮起之后，金光灿灿，绚烂夺目，整个万国博览群内找不出第二家。

　　走进拱形大门，正中央是一个八角形门厅。经过门厅，抬头看，就是整个大楼内部最华美的地方：穹顶。整个穹顶由马赛克镶拼而成。向下一层，是黄道12宫的图案。再向下一层，是8幅描绘上海、香港、纽约、东京、伦敦、巴黎、曼谷和加尔各答风情的壁画，每幅画都有代表城市的神祇，背景是城市著名的建筑。再往下，在廊柱之间，有16位希腊风格的人物造像，分别代表谨慎、公正等16种品质。除了门厅，大厅里还有4根完整的大理石爱奥尼式廊柱值得留意，据说全世界目前只有6根（另外2根在卢浮宫）。来到这里，可不要忘记体验这儿的电梯，它老式黄铜电梯门的顶部是个半圆形的钟面，标着"0、1、2、3、4"，指针会随着电梯到达不同楼层而转动。

　　在当年，汇丰银行是在享有"东方华尔街"之称的外滩最引人注目的一家银行。它是英国在远东地区最大的金融机构。1864年于香港成立，一年后在上海设立分行，其英文缩写"HSBC"中的"S"就是指上海。

跨三层
科林斯柱

上海浦東發展銀行

半圓拱

原汇丰银行保留至今的四翼式手动旋转门

穹顶中央的大型马赛克镶嵌画—太阳神、月亮神、谷
壁画图片由上海浦东发展银行

摄于原汇丰银行楼顶

作为汇丰银行办公基地的汇丰银行大楼，建成于 1923 年，造价占那时外滩所有建筑物造价总和的一半以上。据说当年大楼动工时，按中国传统，在奠基石下埋了压胜钱，以及世界各国的各种银币。另外一个体现中国传统的，就是银行门口这两座专门从英国定做的青铜狮子。这两座狮子的摆放很有讲究，放在正门前，称为"镇兽"。但是，和一般中国雌雄"镇兽"不同的是，这两座都是公狮子。这两座狮子的命名也很不"中式"。左边那座张口吼叫的狮子叫"史提芬"（Stephen），这名字来自于 1920 至 1924 年的香港总行总司理史提芬（A.G.Stephen）；另一头神情沉稳的铜狮叫做"施迪"（Stitt），是当时上海分行经理施迪（G.H.Stitt）的名字。虽然今天的铜狮并非原物，但在祈求好运的路人抚摸下，雄狮露出黄澄澄的金铜色，越来越亮丽。

1997 年，上海浦东发展银行迁入此地，使用大楼至今。

壁画分别描绘了 20 世纪初上海、香港、伦敦、巴黎、纽约、东京、曼谷、加尔各答 8 个城市的建筑风貌和神话人物

友邦大厦

原名：字林西报大楼

地址：中山东一路17号

建成年代：1924年

设计：德和洋行

气象信号塔   中山东一路 *1924年*

大楼外观属于新古典主义风格。看外立面依旧是经典的三段式：底层拉毛花岗石贴面；中部平整简洁，最引人瞩目的是簇柱的顶部，有仿古典的大力神（阿特兰特）柱头装饰；屋顶两侧有一对巴洛克式塔亭，顿时使建筑整体外观活泼了起来。视线回到正大门，一对多立克式柱直上二层，两侧各有一罗马式拱券落地长窗，窗玻璃上映照出往来不息的人流。

友邦大厦，1921年兴建，1924年建成，是当时外滩最高的建筑，也是上海第一幢高层建筑。中国最早的日报《字林西报》曾在此办公，因此大厦原名"字林西报大楼"。《字林西报》的前身是《北华捷报》，于1850年由外商在上海创办，它在很长一段时间内是西方人了解中国、评论中国的平台。1928年，友邦人寿保险公司租用此楼，期间搬离，后于1998年回归入驻，并正式更名此楼为"友邦大厦"。友邦大厦现为AIA美国友邦保险和正信银行的办公点。

阿特兰特雕像

跨两层托斯卡纳柱

原字林西报大楼顶

大楼门前神话人物浮雕

中国工商银行大楼

原名：横滨正金银行大楼

地址：中山东一路24号

建成年代：1924年

设计：公和洋行

气象信号塔　　　　　中山东一路　　　　1924年

1 2 3　5 6 7 9　12　13　14 15 16 17 18 19　20　23 24 26　27 28 29　30

　　大楼是新古典主义风格。底层外墙采用花岗石贴面。接下来视觉重点就不自觉地落在了二至五层，两根爱奥尼式柱装点墙面，既起到了支撑的作用，观赏时也多了层次感和立体效果。外部的铜门采用的设计元素是日本传统文化中刀斧的纹饰，象征着银行希望能够守护自己的财富。

　　进入一楼便是工商银行营业大厅。大厅中央是一个大型天棚。银行内部还留有铜铸武士浮雕。

　　这幢大楼由日本最早进入上海的银行：横滨正金银行投资兴建，它是当年主管海外贸易的日本专业银行。相对不为人知的是，1925年，匈牙利籍传奇建筑师邬达克在此成立工作室，这里是他的创业孵化地。20世纪90年代起，大楼由中国工商银行上海分行使用至今。

原横滨正金银行
石雕佛像装饰(复制品)

爱奥尼式柱

外滩五号

原名：日清大楼

地址：中山东一路5号

建成年代：1925年

设计：德和洋行

气象信号塔 *1925年*　　　中山东一路

　　在外滩众多欧式建筑风格的大楼中，一眼就能看出这栋大楼的不同。从正面看，整栋大楼颜色统一，清淡而简洁，是典型的日本近代西洋建筑特征。立面是明显的三段式，以横线条为主。在平实的设计中，五层、六层之间穿插有浮雕和挑檐，精细又别致，让人为之眼前一亮。

　　进到楼内七层，这里有从1999年起就在外滩营业至今的西餐厅，顶层露台也颇有口碑。

　　1925年，改造后日清大楼正式竣工，成为日清汽船株式会社总部所在地，设计者德和洋行是首批在上海正式开张的建筑设计事务所之一。2006年，这里被改建成为集餐厅、酒吧于一体的综合消费大楼。

招商银行大楼

原名：台湾银行大楼

地址：中山东一路16号

建成年代：1927年

设计：公和洋行

气象信号塔　　　　　中山东一路　*1927年*

招商银行大楼有着古典主义复兴式外观，走到这栋楼前，一眼就能看到主立面的四根立柱，它与欧洲古希腊爱奥尼式柱、多立克柱式等类似，但又不完全相同。小小的一幢楼在外滩一大片欧式古典建筑群中显得独具特色。

1911年，日商台湾银行上海分行买下此楼开始营业，不过当时这只是一幢假四层砖木结构楼房，后经过改建。1949年后的很长一段时间里，上海市工艺品进出口公司在此办公。20世纪90年代，大楼改由招商银行入驻并营业至今。

上海海关大楼

原名：海关大楼

地址：中山东一路13号

建成年代：1927年

设计：公和洋行

气象信号塔　　　　　　1927年　　　　中山东一路

1 2 3　　5 6 7 9　　12　　13　14 15 16 17 18 19　20　23 24 26　　27 28 29　　30

只要你在外滩附近，不管周围多么喧闹，每隔一段时间都一定可以听见悠扬的报时声。它像一个一丝不苟的学者，为上海这座城市记录着时光。钟声来自海关大楼的钟楼，人们从楼前匆匆而过，不抬头便不曾发觉。

整体看，大楼外观呈现出欧式复古主义风格。视线落到底部，古希腊柱式回廊显出古典主义的意味来，同属古希腊风格的神庙式大门也十分特别。往上的三至六层，则明显感觉到线条突出的垂直感，带有哥特复兴式的神采，在六层顶部，一展水平檐部向外突出，檐下还有齿饰，装点了平直的楼面。而再抬头看，只能看到七层的檐口，钟楼完全被遮住了，即使沿着中山东一路西边的马路走到海关大楼，也无法看到它的全貌。只有跑到外滩的对岸，才能看见钟塔顶部层层收进，突出了立方体的高耸感，显得庄重而严谨，是简化了的巴洛克风貌。

推开黑色铁栏杆的外门，发觉门廊比地面略低些。门面虽有些古旧，但是"上海海关"4个黄铜字在黑褐色铜门上闪闪发亮。

一进门就能看到帆影海事图案装饰的藻井，由彩色马赛克镶嵌拼接而成，配上穹顶上的海洋壁画，置身其中便能感受到整个大厅灵动的氛围。

装饰图案
——双蛇杖

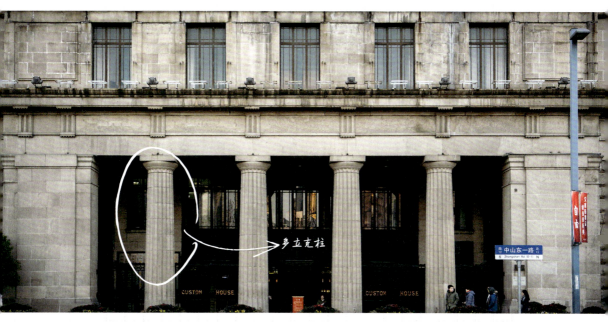

多立克柱

海关大楼内壁饰

海关，原名"江海关"，是江苏海关官署的简称。大楼建于 1857 年，起初被建成一座中国传统衙门式建筑，当时在外滩西洋建筑群里很是特别。1927 年重建以后，这里一直是上海海关的办公所在地。1928 年 1 月 1 日 1 点整，海关大楼上的大钟敲响了第一声，引得无数上海人驻足仰望。海关这面大钟的规模，当年为亚洲第一、世界第三，仅次于英国伦敦国会大厦大钟和俄罗斯莫斯科克里姆林宫钟。2003 年起，海关大楼启用《东方红》音乐报时。

上海海关官署在同一地址上的三次翻建（1857、1893、1927 年）

海关大楼钟面直径 5.4 米

拍摄视角

和平饭店

原名：沙逊大厦

地址：中山东一路20号

建成年代：1929年

设计：公和洋行

气象信号塔　　　　　　　中山东一路　　1929年

对于很多来上海寻找远东旧梦的外国人来说，它是当年上海滩冒险家乐园残留的影子，故事里的"远东第一楼"；对于喜爱建筑的人来说，它是上海近代建筑史上第一幢完全意义上的现代派风格的建筑，挂着公和洋行设计的金字招牌；对于一个寻梦经典上海的旅人来说，流淌在深绿色尖顶下的浪漫爵士乐是这样的不可抗拒。而对于上海人来说，它那绿色的尖顶，至今都是外滩不可或缺的标志之一。

走近故事满满的沙逊大厦，可以看到它整体的外形简洁明朗，东边主立楼楼顶上，搭有四方攒尖、斜坡很大的瓦楞紫铜皮屋顶。高19米的尖顶设计十分玄妙，状如金字塔，塔身墨绿色却镶有赭色棱边，显得典雅堂皇，却又不失沉稳。

除此以外，可以发现整座大楼的设计称得上是率直而精简的。细看外墙的花岗石贴面，立面以垂直线条为主，只在檐口和腰线处雕刻有几何纹样的花纹。而在十层正对黄浦江的部分，中间挑出了一个小小的阳台，让大楼的直板印象有了些活泼的变化。

走进饭店大堂，1600平方米的底层空间让人眼前一亮，上有古铜镂花吊灯，下为乳白色意大利大理石地面，中央有两条十字形通道交会铺陈，一方八角形挑空穹井坐落在交点处。抬头看，玻璃质的穹顶弓藏于上，四周内壁都配以精美的浮雕，阳光透过穹顶玻璃变身为金黄色晕染，极富梦幻魅力。等上到饭店八楼，美轮美奂的和平厅便呈现在眼前，厅堂内不仅有当时相当流行的桃木弹力地板，而且能看到该饭店的一大珍宝——拉里克艺术玻璃。有机会入住的话，可以体验一下"九国特色套房"，它在当年就风靡一时，如今尽可能地按照原样恢复。当年大厦主人犹太富商沙逊自己住的房间，如今被布置为总统套房，充满老上海浪漫气息。除了建筑本身，喜欢音乐的人还可以去位于L层的爵士酒吧（开放时间18:00- 次日01:30），每晚6点，6位平均年龄超过80岁的音乐家所组成的"老年爵士乐队"将会热烈开演。

沙逊族徽
灵缇犬与盾牌

老年爵士乐队

说到和平饭店，不得不说的人就是那位盎格鲁犹太裔家族的维克多·沙逊爵士。1832年，其祖父大卫·沙逊在上海创立沙逊洋行，其后，作为沙逊家族第三代掌门人的维克多·沙逊继承家业，全面接管了家族在上海的业务。

大楼内部除底层部分出租给荷兰银行和比利时华比银行外，其余大多为华懋饭店所有。华懋饭店的客房设计别具一格，布置分别按德、日、法、英、中、美、印度、西班牙、和意大利9个国家风格设计，充满异国风情。但是最为豪华的、保存最好的地方还是沙逊自己在10楼拥有的英国风格的豪华房间。

当年，饭店的广告词曾说"这是上海最大、最华丽的饭店"。社会上则流行着"住在华懋饭店，如同身处世界中心"的说法。这里曾接待过众多名流，例如马歇尔将军、喜剧大师查理·卓别林和剧作家萧伯纳等。

1949年之后，政府接管沙逊大厦。1956年饭店重新启用，取名为"和平饭店"。2007年，和平饭店由享誉全球的酒店品牌公司——费尔蒙集团、锦江集团出资全面修缮。2010年7月，耗资5亿元人民币、为时3年的大楼修缮工程结束，在上海世博会召开之际，和平饭店再度开始营业。

拍摄视角

中国银行
上海分行大楼

原名：中国银行

地址：中山东一路23号

建成年代：1944年

设计：陆谦受与公和洋行

气象信号塔　　　　中山东一路　　　　**1944年**

1 2 3 5 6 7 9 12 13 14 15 16 17 18 19 20 23 24 26 27 28 29 苏

　　沿着外滩慢慢走过来，发现这幢装饰艺术派的摩天大楼有着浓浓的中国元素，在外滩建筑群中独树一帜。阳光下，蓝色琉璃瓦的中国传统四角攒尖顶一下就抓住了人们的视线，檐下有斗拱装饰，弯弯地翘向天空。大门上方，可以看见孔子周游列国的浮雕，穹顶两侧还饰有中国神话八仙过海的图案，活灵活现。走进大楼内，不妨游览一番行史博物馆，看看各个银行曾经发行的钱币和钞票，直观感受中国金融史的发展。

　　这幢楼的原址为德国总会大楼，它一度是外滩最华丽的建筑。第一次世界大战之后，这里的主人更换成了中国银行，之后此处建造起了这幢中国银行大楼。它是外滩建筑群中唯一一座有中国人参与设计的大楼。

中国银行门口
左右貔貅

正门浮雕

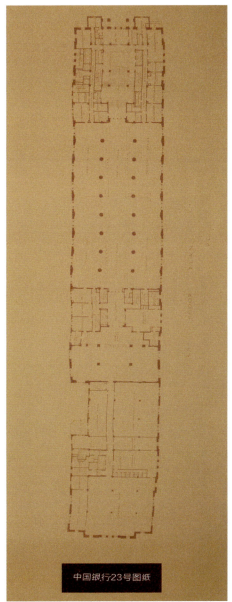

中国银行23号图纸

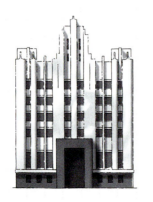

上海市总工会大楼

原名：交通银行大楼

地址：中山东一路14号

建成年代：1949年

设计：鸿达洋行

气象信号塔　　　　　　　　1949年　　　　　中山东一路

从外观看，上海市总工会大楼是装饰艺术派风格。大楼外立面以竖线条构图为主。在方正的建筑上，它的顶部造型尤其引人注目，大楼中央加高建造的两层形成塔状，加强了向上的视觉感受。走近楼前，可以看到底层门框及入口用黑色大理石贴面，与大楼外立面的灰白色形成反差。

伸手推开转门，走进大楼，可以看到彩纹人造大理石铺就的过道，两侧靠墙是大理石台阶，附着紫铜栏杆。上到二楼大厅，满目红色。厅内36根圆形柱子的下半部分以及大厅四周墙壁均由红色瓷砖铺贴、装饰，地坪也是红色地砖铺成。大楼外观的凝重与内部的热烈使其别具特色，在古典建筑丛中更显现代气息。

1908年，清政府邮传部建立了交通银行，总行设在北京，上海为分行。第一次世界大战爆发后，交通银行搬入大楼办公。太平洋战争爆发使得交通银行的大楼翻造计划停滞，直到1946年后才重新启动。20世纪50年代，上海市总工会迁入此地办公。

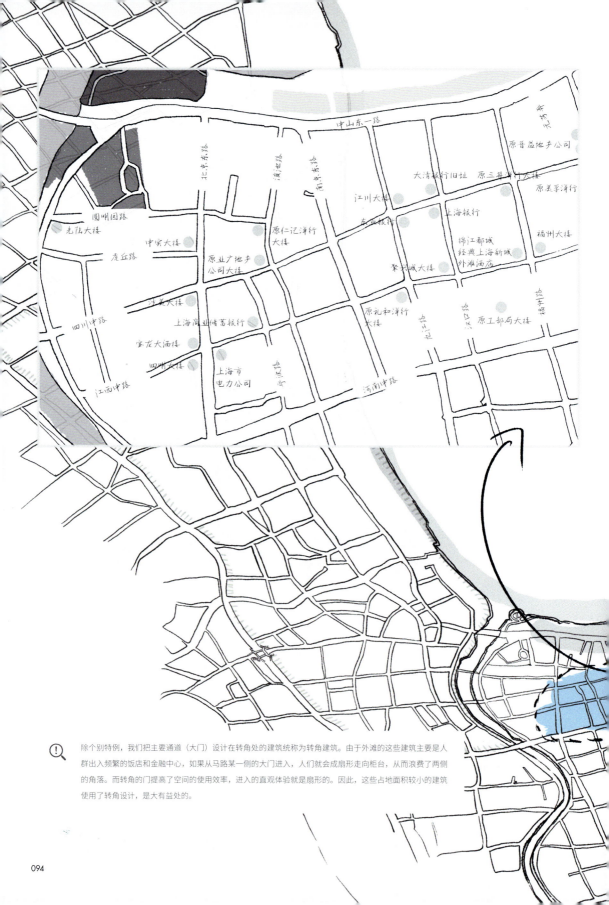

中山东一路

原晋益他卑公司

大清银行旧址 原三井银行大楼

北京东路 九江路 南京东路 江川大楼 原美孚洋行

原仁记洋行 东亚银行 上海银行

圆明园路 大楼 福州大楼

光陆大楼 中实大楼 原业广地卑 锦江都城
经典上海新城

虎丘路 公司大楼 聚兴诚大楼 外滩酒店

沙美大楼 原礼和洋行

四川中路 上海商业储蓄银行 大楼 原工部局大楼

宝龙大酒楼

四川大楼 上海市

江西中路 电力公司 河南中路

除个别特例，我们把主要通道（大门）设计在转角处的建筑统称为转角建筑。由于外滩的这些建筑主要是人群出入频繁的饭店和金融中心，如果从马路某一侧的大门进入，人们就会成扇形走向柜台，从而浪费了两侧的角落。而转角的门提高了空间的使用效率，进入的直观体验就是扇形的。因此，这些占地面积较小的建筑使用了转角设计，是大有益处的。

仰望转角

　　转到万国建筑背后，沿着四川中路或是江西中路笔直走，几乎每个路口都能看到转角建筑的身影。它们坐落在十字路口的交叉点上，看上去像一块块坚定的磐石，由纵横交错的道路串连，形成了外滩建筑潮汐的第三重。街道不宽，这些转角建筑又如此高大，即使我们把头仰到最高，都不一定能看到它们完整的样子。好在摄影师总有办法找到最佳的角度，记录下这些容易被忽视，气势却未必输给中山东一路的建筑们。

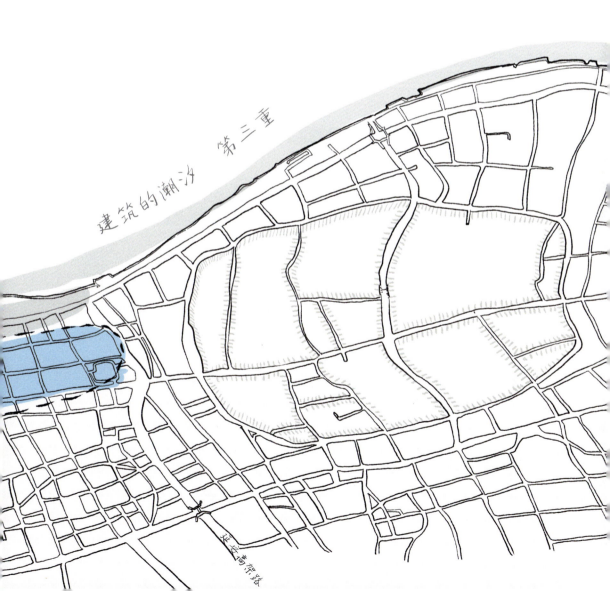

建筑的潮汐　第三重

原四明银行大楼

始建年代： 1921 年

曾 用 名： 四明商业银行大楼

📍 北京东路 × 江西中路

建筑属性： 商业建筑

建筑风格： 古典主义

得名于宁波的别称，曾是宁波人经营的华资银行，拥有钞票发行权，在 1910 年经历橡皮风波，后改组为公私合营银行，跃升为"小四行"之一。

1933 年，虞洽卿成为四明银行的创始人之一。据说他初到上海学徒时，从十六铺码头下船后恰逢天下大雨，他怕布鞋被淋湿，便赤脚前往瑞康颜料行，被老板认为是"赤脚财神"上门。

宝龙大酒楼

始建年代： 1935 年

曾 用 名： 浙江兴业银行大楼

📍 北京东路 × 江西中路

建筑属性： 商业建筑　　　　**建筑风格：** 现代派

　　浙江兴业银行是来自杭州的民族资本银行，曾位列"南三行"之首。保路风潮之时，时任兴业银行董事长的叶景葵见东北的浙江人很多，于是提出浙路公司在北方筹款，结果一举招得"浙路股"11万余，张作霖也认了股。银行壮大后，帮助实业家张謇、火柴大王刘鸿生、荣氏家族以及商务印书馆等度过金融危机。

上海市电力公司大楼

始建年代： 1932 年

曾 用 名： 中国垦业银行大楼

📍 北京东路 × 江西中路

建筑属性： 公共建筑

建筑风格： 装饰艺术派

垦业银行来自天津，曾具有发行纸币权，主要经营垦牧农林事业相关的抵押放款。

垦业银行总经理王伯元原有"投机家"之名，接办改组垦业银行后，甘做二把手，去请钱业大王秦润卿做老大。秦润卿表示自己有三不准：一不准炒黄金外汇，二不准股东和经理随便宕账，三不准银行放款超过自身财力，随后又讲笑话似地补充："侬请我合伙，就要准备铜盆洗手了？"王伯元大笑说："我已在铜盆里洗过手了，决定把金号生意歇掉。"秦润卿这才点头同意。

原礼和洋行大楼

始建年代： 1898 年

曾 用 名： 八巴利大楼、新华银行大楼

📍 九江路 × 江西中路

建筑属性： 商业建筑

建筑风格： 折衷主义

礼和洋行又名"卡洛威茨公司"，是德商在中国创办最早的洋行之一，民国初期是上海滩最大的军火商。从曾经的德商洋行、印度贸易行、储蓄银行、黄浦旅社，到如今的商业店铺，多变功能让它在外滩屹立不倒。大楼拥有气派的清水红砖，曾是上海单平面最大的建筑。

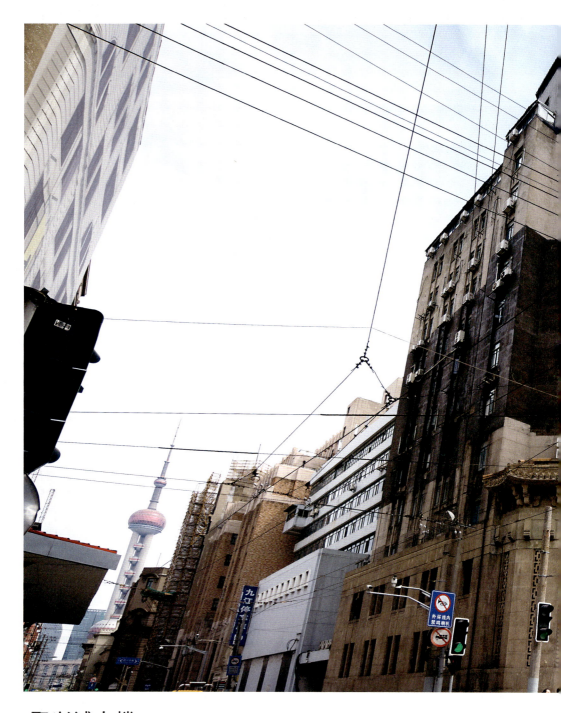

聚兴诚大楼

始建年代： 1939 年

曾 用 名： 聚兴诚银行大楼

📍 九江路 × 江西中路

建筑属性： 公共建筑

建筑风格： 总体呈中式

聚兴诚银行来自四川，曾为杨氏家族银行，得名于家族商号名，后由民营转为官商合营。

重庆富商杨文光在四川创办聚兴诚银行后，即筹划在上海设立分行。创始人第三子杨粲三经营三十余年，资本额不断扩大，聚兴诚银行也从地方性的川帮银行成为被当时民国政府指定办理外汇的银行之一。1949 年后，聚兴诚银行参加公私合营，结束了长达三十四年之久的杨氏家族管理时期。

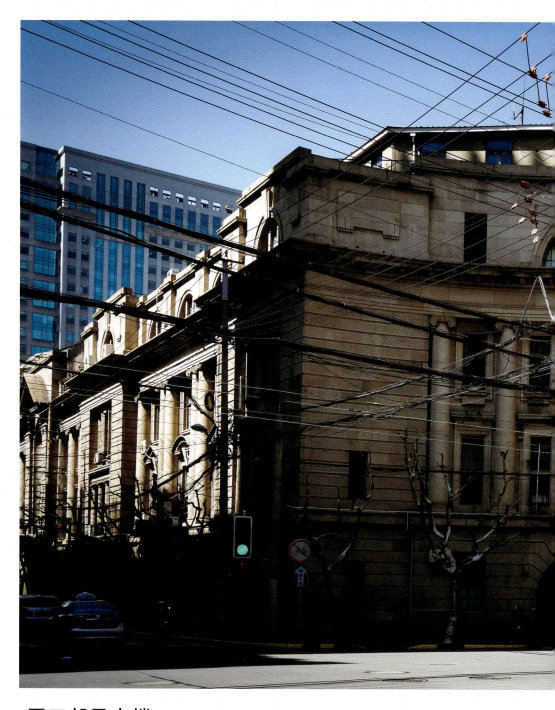

原工部局大楼

始建年代： 1913 年

曾 用 名： 老市政府大楼

📍 汉口路 × 江西中路

建筑属性： 行政办公楼

建筑风格： 新古典派与巴洛克式

　　这里曾拥有 400 间办公室，能同时容纳数千人同时办公，还曾内设有万国商团的风雨操场，办公条件之优越，堪称当时远东之最。工部局大楼曾是近代上海的权力中心，当时公共租界最高行政机关工部局的办公大楼，也是上海唯一保存完好的具有罗马艺术风格的建筑，远东最杰出的仿罗马建筑之一。1949 年以后成为上海第一代市政府大楼。

上海邮政博物馆

始建年代： 1924 年

📍 北苏州路 × 江西中路

曾 用 名： 大清上海邮政局大楼
上海邮务管理局大楼

建筑属性： 公共建筑

建筑风格： 折衷主义

大楼内部在当时有"远东第一大厅"之称。

1878 年，邮政局发行中国第一套邮票——大龙邮票，在当年的上海海关造册处印制。全套仅有 3 张，曾在中国嘉德拍卖会上估价达 42—45 万元。

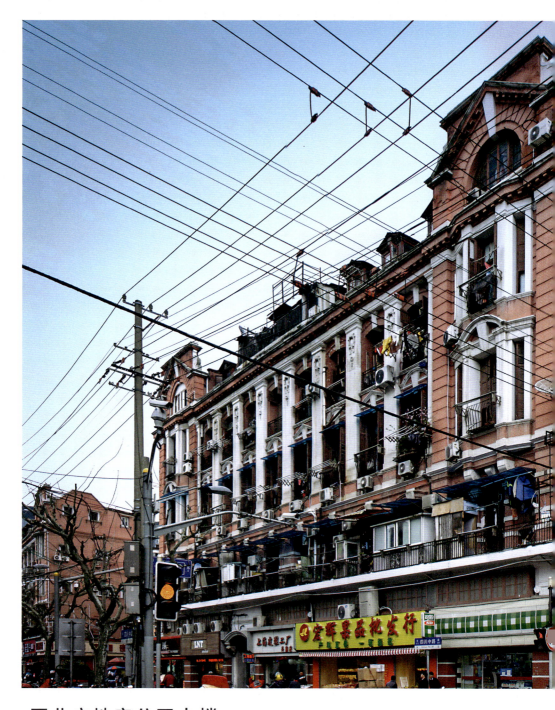

原业广地产公司大楼

始建年代： 1908 年

曾用名： 希腊总领事馆

📍 滇池路 ✕ 四川中路

建筑属性： 居住建筑

建筑风格： 英国安妮女王时代建筑风格

大楼出自通和洋行之手。1934 年曾为希腊总领事馆址，第二次世界大战期间关闭，现为民居。

业广地产公司成立于 1888 年，除直接经营地产买卖外，也兼营代客买卖房地产，苏州河边的原百老汇大厦就是由它投资建造的。业广地产公司擅长出租房屋，曾拥有包含里弄住宅的房屋总数超过 3000 幢。

东亚银行大楼

始建年代：1926 年

曾 用 名：东亚大楼

📍 四川中路 × 九江路

建筑属性：银行建筑

建筑风格：装饰艺术派

大楼出自鸿达洋行之手，拥有柱廊塔楼。东亚银行来自香港，银行擅长汇兑，后代理中央银行外汇买卖。

上海银行大楼

始建年代： 1926 年

曾 用 名： 四行储蓄会大楼

📍 汉口路 × 四川中路

建筑属性： 银行建筑

建筑风格： 英国乔治王朝时期建筑风格

　　大楼是建筑师邬达克自行开业初期的作品。当时租界建筑法规规定，当建筑处于转角时须切成圆角，邬达克对此曾嘲笑说："天下唯一圆的东西就是老头的肚子。"为此原因，他耗费了无数个不眠之夜，才有了这栋大楼的设计方案。

　　当时在上海市中心投资房地产成为风潮，经过商讨后，四行储蓄会决定在这块地皮上建造办公楼，而且要建成亚洲第一高楼，以展示四行储蓄会雄厚的经济实力。

申达大楼

始建年代：1927 年

曾 用 名：中兴银行大楼

📍 福州路 × 四川中路

建筑属性：商业建筑

建筑风格：现代主义

大楼出自上海诸多高级公寓的建造者赵茂勋之手，曾容纳各种各样的行业公司，如设计、修锁、教育、禽蛋、捕捞等。该址 1945 年成为中国共产党上海市委重要秘密联络机关，第二年，中国共产党地下党领导的《文萃》周刊迁至该大楼办公。

中实大楼

始建年代： 1935 年

📍 北京东路 × 虎丘路

曾 用 名： 中国实业银行大楼

建筑属性： 商业建筑

建筑风格： 新古典主义与折衷主义

中国实业银行来自天津，擅长扶助工商、发展实业。曾印刷过男耕女织图案和"河马负图"的钞票。

中国实业银行创办人之一的行长熊希龄曾被喻为"湖南神童"，宦途受挫后，投身于慈善和教育事业。公司原名为民国实业银行，后因袁世凯筹划复辟帝制，遂重新改订章程，更名为中国实业银行。

光陆大楼

始建年代：1925 年

📍 南苏州路 × 圆明园路

曾 用 名：光陆大戏院、曙光剧场

建筑属性：商业建筑

建筑风格：装饰艺术派

　　大楼出自匈牙利籍建筑师鸿达之手，塔楼造型独特。光陆大戏院曾承担了多部西洋影片的首映任务，内部大厅的"巴黎式"布局沪上闻名。大楼的诞生其实"归功于"一场大火。当时英美侨民所喜爱的剧社被烧毁，随之而来的是乍浦路桥边新大楼的兴起。戏院于 1928 年 2 月 25 日 21:15 开幕，放映第一部影片《采花浪蝶》。爱看电影的鲁迅在周边短住时，常常前往该戏院观看影片。

原仁记洋行大楼

始建年代： 1908 年

曾 用 名： 仁记洋行大楼

📍 滇池路 × 圆明园路

建筑属性： 公共建筑

建筑风格： 英国安妮女王时期建筑风格

英国仁记洋行曾主要经营生丝、茶叶、纸张、木材、五金等进出口业务。

1908 年，仁记洋行在滇池路建了一排房子，开创了中国办理商检代理业务的先河。现在的滇池路原名仁记路，就是以仁记洋行的名字而命名。

锦江都城经典上海新城外滩酒店

始建年代： 1930 年　　　　　　　　　📍 福州路 × 江西中路

曾 用 名： 都城饭店　　　　　**建筑属性：** 旅馆建筑　　　　　　**建筑风格：** 装饰艺术派

　　1930 年，时任上海犹太协会会长的沙逊为了给小女儿准备一份特殊的生日礼物，出资兴建都城饭店。宋美龄女士、梅兰芳先生等名人都曾造访。1945 年 4 月，梅兰芳在此举办个人画展，以《双红豆图》、《天女散花图》为亮点的 170 余件作品被抢购一空。

福州大楼

始建年代： 1931 年

 福州路 × 江西中路

曾 用 名： 汉弥尔登大楼 　　　　**建筑属性：** 公共建筑 　　　　**建筑风格：** 装饰艺术派

　　福州大楼与对面的新城饭店是上海难得的"双子楼"，外观几乎一模一样。大楼当年作为写字楼和公寓使用，其稳固、扎实的建造工艺为人称道。当年的租户包括福特汽车、可口可乐等著名公司。1960 年代，每逢国庆节人民广场放烟花，附近的居民都会早早吃完晚饭，搬着小板凳到福州大楼门前占座，足足有两三百号人。

沙美大楼

始建年代： 1918 年

曾 用 名： 信托大楼

📍 北京东路 × 四川中路

建筑属性： 商业建筑

建筑风格： 新文艺复兴主义

大楼由通和洋行设计，1930 年代曾作为银行办公，1949 年后改为居民楼，最多时有一百多户人家居住。大楼顶楼是一个宽大的阳台，可以将外滩风光尽收眼底。

江川大楼

始建年代： 1916 年

📍 九江路 × 四川中路

曾 用 名： 德华银行大楼

建筑属性： 商业建筑

建筑风格： 新古典主义

　　德华银行与英国汇丰银行、法国东方汇理银行、俄国华俄道胜银行、日本横滨正金银行并称为五国银行团。德华银行和汇丰银行都参与了多宗在华的巨额借款、重大投资事宜，两家银行始终存在竞争关系，但德华银行总是被汇丰银行压制一头。

大清银行旧址

始建年代：1908 年

曾 用 名：大清银行

📍 汉口路 × 四川中路

建筑属性：商业建筑

建筑风格：古典主义

大清银行为民国初期整顿国家财政金融秩序提供了便利的资源和有价值的借鉴。

辛亥革命爆发后，大清银行除上海分行外，绝大多数分支机构都纷纷停业。而对于时任中华民国临时政府财政总长的陈锦涛来说，建立中央银行迫在眉睫。于是陈锦涛与大清银行股东一拍即合，上书中华民国临时大总统孙中山，建议"就原有之大清银行改为中国银行，重新组织，作为政府的'中央银行'"。1912 年，中国银行在上海汉口路开始营业。

原三井洋行大楼

始建年代： 1903 年

曾 用 名： 三井洋行

📍 福州路 × 四川中路

建筑属性： 商业建筑

建筑风格： 文艺复兴主义

大楼设计者平野勇造是近代著名日籍建筑师，代表作品还有黄浦大楼。

当时三井洋行经营的生丝主要销往美国，次为英国、法国。除经营一般的银行业务外，洋行还代理当年公共团体的财产、基金等。

原永年人寿保险公司大楼

始建年代： 1910 年

曾 用 名： 永年人寿保险公司

📍 广东路 × 四川中路

建筑属性： 商业建筑

建筑风格： 英国新古典主义

永年人寿保险公司主要以外国人为服务对象，1901 年后开始接受华人参保。公司所刊登的报纸广告中都特别注明"华董事朱葆三"、"总董华商李云书、宋仲薳"等，以争取中国人对该公司的信任。永年人寿保险公司的业务经理英国人摩惹是华人寿险大王吕岳泉的启蒙老师。吕岳泉 12 岁到摩惹家当仆童，耳濡目染，后来走上保险之路，创办华安人寿保险公司，建立了中国人的人寿保险体系。

钻进里弄

万物的高低相衬，动静相生，卷起了外滩建筑潮汐的第四重。相比开阔高大的其他建筑，隐藏在楼底街角的里弄宛如被海浪冲到最静谧处的深海明珠，又仿佛是带着岁月的余韵，被潮水裹挟的贝壳。我们满是好奇地钻进外滩区域的里弄，居然真的生出一种寻宝的感觉。

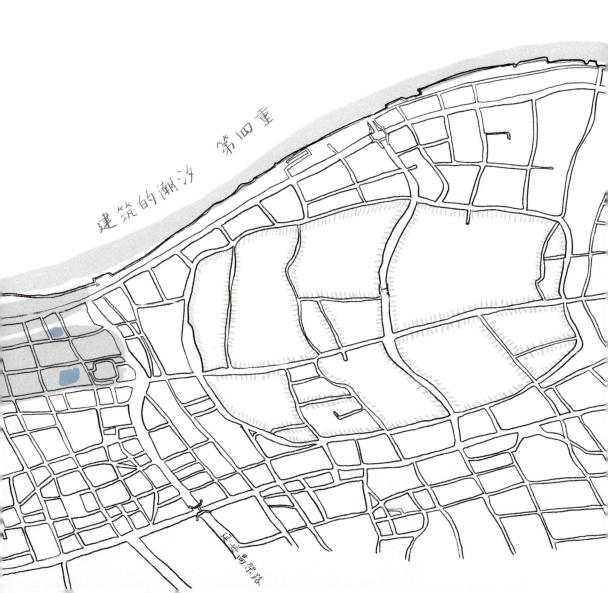

建筑的潮汐 第四重

元芳弄

　　元芳弄的这栋住宅楼是安慎洋行的旧址,从外面看布满了大大小小的"寄生家"(详见 P247),里面则像迷宫一样错综复杂。经过多番改造,前后、里外都搭着楼梯,四面都能走通。二楼中间搭有灶披间(即沪语厨房),每到饭点,饭菜香便四散到通道的各个角落。

A1: 80 岁左右的老婆婆,正在公共厨房洗菜准备午饭。
A2: 60 岁左右的叔叔,已退休。
A3: 30 岁左右的年轻人,在自家门口拖地后还打扫了公用的楼梯。

Q. 这栋房子最开始是做什么用的?造了有多久了?

A1: 这里以前最早是办公大楼,后来政府拿回来分配给大家当公寓租了。这里一直都有(学建筑的)学生来看,还到阳台上去拍照,这里以前很好看的。

A2: 我们这个房子有 100 多年了,你看这个楼梯都是老的,都有花(纹)的。楼梯还很结实,以前的木头都很好的,现在没有(这种木头)的。

A3: 以前估计是办公楼吧,这里两栋楼都是 100 年。这栋楼顶上面是个平台,能看到外滩和浦东。之前有外国留学生一来上海,就被(本地同学)带着看这个建筑。不过他们好像不是学历史的。

Q. 家里大概有多大呢?小孩和你们一起住吗?

A1: 我们家里不大,只有 11 个平方米多点,我们老两口住住。家里小的么都买房搬出去了呀,不跟我们一起的。

A2: 我家有 60 几个平方米。我的小孩自己有房子,买在美兰湖那里的。不过他们不愿意住(那边),还是挤在这里。这里上班近呀,回来还有人烧饭。

Q. 你们平时一般会去哪里买菜?烧饭或者出去吃饭方便吗?

A1: 平时要买菜还蛮远的。城隍庙有菜场的,宁波路也有,我们都踩脚踏车(即沪语自行车)过去。外面(餐厅)我家不喜欢吃的,还不如自己家里烧了吃,又干净又清爽,想吃什么烧什么,我们是吃惯(自己烧的)饭菜的,孩子回来看我们也是自己烧菜。不过他们很少来的,都没有空,我们孙子家住得远了。

A2: 买菜也算方便，比你们居民楼方便。黄浦区的菜也便宜，它有好几个室内菜场，宁波路、城隍庙都有，我们骑脚踏车去。有的时候家里亲戚朋友来得多了，烧不过来了，大家就出去吃。附近往南边走就到城隍庙，有小吃的。楼下么有大壶春的生煎馒头。往西边走，就到南京路步行街了，很方便。

A3: 我们烧饭的地方蛮好的，三家人一起用。基本上是我们家在烧，一家不烧，另外一家（只在）休息天的时候烧。你看，我们的灶披间（即沪语厨房）很亮吧？就是没有油烟机，（只能）开窗排排油烟。

Q. 平时生活方便吗？跟以前比怎么样？

A1: 和以前肯定不好比的，那时候倒马桶、扇炉子啦，都没有煤气，后来才装的。现在么马桶都没有地方装，所以你外面去看看，我们这里都是在阳台装马桶、洗手间，热水也是我们自己装的，房子小也只能这么弄了。

A2: 我们都是自己搭的阳台，晒衣服、洗澡、抽水马桶，都在阳台里面，花了2、3万呢。你看我们这一圈都有阳台的，所以（大楼）外面水管多。

A3: 这里交通方便，四通八达，毕竟在市中心，你说是吧？（笑）

Q. 你们在这边住多久了？邻居互相都认识吗？

A1: 我住这里快要六十多年了，我们都是单位分的房子。现在房子都租光了，好多给外地人住了，不过我们见面都打招呼的，（关系）都蛮好的。这旁边是我们兄弟（家），以前都住在一起的，现在他们搬出去了，房子租给人家了。原来在一起的时候，这个扶梯是在家里面的。后来小孩大了要结婚，就在旁边又开扇门（单独成为一户）。现在旁边租房子的也是两兄弟，哥哥住上面，弟弟在下面。

A2: 我们在这里的时间长了，有六十年了。邻居都一起住了五十多年了，他们有些租在这里的都住了十几年了，我们大家都认识的。不过现在有些人是新租在这里的，我就不大认识了，这些人基本上都是（附近）打工的。

Q. 这房子归哪个居委会管呢？算是公租房吗？

A1: 我们属于中山居委。外滩一直到河南路，那边到延安路，再往那边到福州路，都是中山（居委会）的。

A2: 我们这里是公租房，（产权）是房产公司的。我家一个月（房租）十几元，租给人家的话可以收1000多元。

Q. 平时会去外滩逛逛吗？

A1: 有的时候高兴就去走走的，像我们年纪大了么，走不动就不走啦。我们这个弄堂一直出去就是外滩，东方明珠在弄堂口就能看得到，多方便。不过我们一直住在外滩，也很少去玩，都是游客来外滩看看。

A2: 我早上锻炼身体会去外滩转转，平时一般不太去。

北京里

　　写有"北京里"字样的入口十分狭窄，入口处上方是拱形的线条，门拱正上方有石头雕刻的装饰物，看上去有些年头。小区楼房之间挨靠紧密，高度为二至六层不等。居民楼的墙面被漆成砖红色，墙面装饰还依稀保留了一些石库门的特征。

A1: 50 岁左右的叔叔，我们在小区门口遇到，他正准备上班。
A2: 80 岁左右的老婆婆，在居民楼前坐着晒太阳。

Q: 听说这里以前叫庆顺里？您在这儿住多久啦？

A1: 对，以前叫庆顺里。我住几十年了，八几年搬到这儿来的。以前没搞房改的时候还可以换房子的，上班近一点远一点单位里就能换（互相调配），现在都改制了。

Q: 您也在这儿住很久了吧？

A2: 我们住了六十年了，（邻居）已经搬掉一半了呀。拆掉一半了，本来（弄堂）还要大的。单号全部拆掉了，双号现在还留在这里。

泗泾小区

　　泗泾小区主要分为两片楼房区域，远看整体的色调样式整齐。但仔细观察，可以看到各家各户窗口的伸出来的长晾衣杆、阳台围起栏杆的小花园、搭建的屋顶小阁楼和加盖的小空间，形状大小、风格颜色各不相同。和我们闲聊的叔叔（A1）年龄大概是 40 岁，正要出门去买东西；另一位闲聊对象则是小区附近的小店店主（A2）。

Q: 您是这个小区的吗？我们看这里外墙还挺新的，刚修过吗？

A1: 对，外面修过了，外墙修的，里面没修。整个小区一百多年了。

Q: 您家多大呀，住几个人呢？

A1: 我们现在一户基本上是一家人了，以前不得了，大大小小一大家子……现在好了，孩子大了结婚了，都出去了。房间只有 15 平米，楼上楼下加起来 30 平米。厨房以前是公用的，后来就改到自己家门口烧菜。有的人家要洗澡要搞卫生的，自己隔出一块地方来（做卫生间）。这边家家户户都是这样的，（厨房、卫生间）都是从房间里单独隔出来的。

Q: 这家店是您开的？平时生意怎么样？

A2: 对。生意还可以，我们一般都是做街坊生意，老客户多。我生下来就住在这里，已经五十多年了。我们（这家店）做了三十几年了，我女儿都三十几岁了。

Q: 这里租房的人多吗？

A2: 这边租房子的很多是外地打工的，有的人家出去买了房子，这里房子就租给打工的人。这边租房很贵，三千多元的房子才十几平方米，有的还更小呢！三、四千元的是（厨房、卫浴设备）独用的，就是房间小一点，不过这里地段好呀。

虎丘公寓

　　虎丘公寓是单栋的大楼，比起其他居民楼体量较大。门口设置保安，进出大楼需要密码。底层有一家理发店，前店后家。店里张贴着发型海报，很有旧时的风格。我们趁着理发店主人空闲的时间和他聊了一会儿。店主叔叔看上去年纪挺大的，但干起活儿来十分利落。

Q: 您是在这儿租的房子吗?

A: 对，我开理发店租的。这个房子也不好买的，没产权。

Q: 那您知道这个小区的历史吗?

A: 历史的话……（笑）没活那么长，没生在那个年代。不过据说里面那个柱子（是以前）一直留下来的，两边都是，这个门也都是真的! 有八九十年了吧。这个附近的历史建筑年龄都差不多的，八国联军的时候盖的。

　　我就住在这里面，感觉好。外滩这附近，居民房这里是搭得最好的。你看一进这个大厅有八根柱子，基本上哪个小区也没有的，对吧? 这个五层楼的房子，有两部电梯。楼里本来就有的，原来的电梯用手开（铁栅栏）门的，后来改成全自动的了。

虎丘小区

整个小区规模较大，是分布较为整齐的棋盘式格局，墙面多为砖红色或米色。对着小区门是一幢过街楼，有单独户外楼梯可以上下。两栋对门的楼房之间有相连的长晾衣杆，横斜不一，大多晾满了花花绿绿的衣被，也有的爬满了藤蔓盆栽，有时需要拨开衣服才能通过。狭窄的里弄中间，还能看到零星散布的健身锻炼器材。

Q:阿姨您是住在这个小区的呀? 给我们介绍一下吧?

A:对，我住在虎丘小区，现在已经退休了。居委会就在我楼下，我在楼上。这里物业、房租很便宜的，就几十元。我们小区有时还有外国人来采访，我们居民都很配合的。邻里关系也不错，大家在楼下碰到了都会打招呼，比外面造的新公房要好得多。因为前面就是外滩源，居民迁走了好多。虎丘路沿马路一带，有些房子都给政府收购了，所以相对来说人少了很多。

这个房子要将近 100 年了，九十几年了已经。木结构的，是英式的。我们这里不可能回迁的，所以有的人（房间）小小的，还是一辈子住在里面。这种老房子外滩有，西门有好多，还在徐汇区，淮海西路啊，宝庆路啊，五原路啊。这一带洋房挺多，这个地方是比较好的，在以前也是高档的社区。我们家现在住的这个房子，是我婆婆家的，是以前旧社会的时候，老一辈的人用金条订进来的。所以 1949 年以前就住在这里了，一直住在这里的。以后住进来的人就是国家收购掉以后，哪个单位分房子分到黄浦这一带的。以前 60 年代是有（分房子）的，现在没有了。

要搬走的话，这里房子出手方便的呀。但是对我们老年人来说，搬走也不太好。说句心里话，如果我们这里搬迁呢，我宁可只拿钱，不要新房子。我们待在这里七十几年了，搬到外面不习惯。我拿钱去租一套，还借在这儿附近。我待在这儿，生活也方便的，像居委会就在我们楼下，电话来了，有什么事，我就去参加参加。还有一个，老公房的邻里邻居都熟悉，习惯了。新的大楼里面，和邻居相处不好的。我们这里出去，你好我好大家好，对伐。没什么事大家一起坐着晒晒太阳，一到新公房，大家都不认识了，互相照顾的人少了。

虎丘居委会

Q. 您能给我们介绍一下虎丘小区吗？

A: 我们这个小区，1925 年造的，到现在大概 90 到 100 年了，没有拆过。原来我们这个房子是一个门洞一户人家的，后来到了 49 年前，大概是三几年四几年的时候，陆陆续续一道门里面就会产生大房东、二房东，二房东又租给三房东，所以现在一幢楼里面最多的有 16 家，最少的一般都 7、8 家。49 年以后这个房子都收归国有，大房东他要住在这里的话也要付房钱的。

　　我是老上海人，在这里土生土长的。虎丘公寓是以前就有的，这都是老房子，老早是教会的，这里这里（手指地图），现在都是属于外滩源这一块的。我们虎丘居委会，就是从这里，四川路一直到南京东路，整个叫虎丘居委会。和平饭店、中国人民银行，都是我们这里的，再到外滩，这里都是一起的。南京东路，我们只有（管辖）一点点。

Q. 居委会平时的工作内容是什么呢？主要跟居民有关吗？

A: 居委会嘛，一个是为居民服务，另外就是为单位服务。单位里面我们有党建联建的。另外如果是外地到这里来务工的，如果他住在我们这里的，我们也要给他登记。

Q. 现在虎丘小区里面总共住多少人呀？

A: 我们户口上是 4500 多个。不是我这里一个小区哦，就是包括我管辖的这个范围。但其实真正住的居民只有 1000 个人，他们都搬到别的地方去了。不过南京路这里开着好多商店，来打工的外地人有不少租我们小区的房子来住的，我这里有登记的大概是 1500 到 1600 人。我们这里没有商品房，一点也没有。这里的房子都是交房租的，每个月多少核定好的，制度还是小区的那种制度，只不过房子是老的那种弄堂的房子。房子是国家的，你住在这个地方它就给你房卡。房卡一代一代（传）下去，里面有好几个户口。

　　上海像这种房子现在已经不会拆了，这个地方又不能造高楼，因为有规定的，浦东看过来，外滩这里都是老建筑，你不能超过它。文汇报原来在这里造了一个很高的二十五层楼房子，造了七八年了，都把它拆掉了。老的大楼都不能拆，在我们这个范围里面，有 21 栋老大楼是历史保护建筑，还有 54 处属于一般的保护建筑。历史保护建筑和保护建筑就是一个要挂牌的，一个不挂牌的。

Q. 那这里的房子就一直没什么变化？

A: 没啥变化！这个房子就一直是这样。有的人家房间比较大，大概五六十平方米，是实际居住面积啊，不是公寓里的建筑面积，三楼有个露台，二楼有个阳台，家里有条件的嘛，就把自己房子装修一下，花个十几万。像这种人家他就不要搬了。我们现在如果搬的话，就要搬到罗店那边，说实话人家也不愿意去，看病又不方便。像我们这里过了桥，海宁路（上海市）第一人民医院，西藏路长征医院，这里山东路仁济医院，过去就又是浦东东方医院！就我们这个地理位置，其实应该说，是在上海东南西北最当中的，交通也方便！看病也方便！所以说有好多老年人也不愿意搬。我们这个楼层比人家高，底下都 3 米8，二楼都 3 米 4，这还是做了吊顶的，吊顶上面还有一米呢！

Q: 那这里一栋楼有多少层呀?

A: 靠虎丘路就是三层,里面都是两层,还有一个尖顶的。有好多人家把两层楼里面的顶打通,当做阁楼用的,上面再开个老虎窗,两层又变三层了,弄个扶梯,多舒服啊。人家有条件,收入高,金钱多,自己把它搞搞,只要不影响周边居民、隔壁居民就行。

Q: 这里大多数是公共厨房吗?

A: 我们虎丘这个小区,楼里一般都有公共厨房。不过有的房子条件差点,一层里面隔了好几家了,只好在自己门口走廊里放一个灶台,自己烧烧饭。我们这个公共厨房很大的,一般一个厨房都15、16个平方,有的是两家有的是三家,最多四家(共用)。年轻人不多,都是老年人,年轻人都买了房子了。

Q: 水电都是独立的吗?

A: 供电所给我们都改装过电表了,每家人家一个大功率的。因为现在大家都用电厉害,家里都有电饭煲、微波炉,像我们这种老房子,每个房间有一个空调,那你家里有三个房间就三个空调,有时候天热了,人多一起开,老早的功率肯定是不行的。因为这种老房子都木头结构,政府就把电线给你统统整修一遍。物业前几年把房子里面的电线共用的地方搞了一遍,公用电线下来的地方,他给你每人一个表,现在智能电表嘛,遥控它那边就看得出来你用多少(电)了。水呢,有的地方是一个大水表,每个家里自己装个小水表。一个门洞里面,假使大家没意见的话,自来水公司装一个大水表,也公开的。像这栋楼,就一个大水表。

Q: 那怎么算钱呢?

A: 每个人家一个小水表嘛,你用多少次,他用多少次,共计用了多少次,分一分就可以了,每家收一下。问题是这种老小区呢,一栋楼一般底下有一个公用的厕所、公用的马桶,楼上二楼有个公用的马桶。那现在生活水平高了,有条件的就在自己家里装个马桶。关键是洗澡,我们这里没有洗澡间,还都要在公用的厕所间里洗澡,弄个管子通到厕所间,挂个(喷淋)头就可以了,一间厕所里面挂四五个、五六个(喷淋头)都有的。

Q: 您说这里有来人参观,他们怎么知道这里的?

A: 我们这里经常有外国人进来的。有个年纪轻轻的、三十几岁的中国导游,专门接那个欧洲团到上海来旅游的,他是搞建筑的,专门就要看上海的老房子,那么就给他介绍这个老房子是怎么(构造)……我上次碰到过一个世界上造房子最好的,贝聿铭啊,他外甥女现在也做设计,正好过来了,后来给我介绍,我说,哦,知道的。

解码建筑的潮汐

45-393-18-112-330-445-312-660-571-42

我们用它们与黄浦江之间的距离编写了这组密码。跟随数字密码的指引，穿越外滩多重起伏的建筑，你将解码外滩沉淀、变迁的痕迹。在行走中，感受新旧中西建筑掀起的阵阵潮汐。

逛完黄浦江边上的北外滩码头博物馆，往前走，离开平缓的堤岸，先投入建投书局的怀抱；折回江边，细细观赏一番气势雄伟的万国建筑博览群，吹一吹沿岸的风，随意地漫步至外滩后街，挑个好角度，欣赏一下转角建筑的霸气；继续走深一点吧，钻入藏身于街角的安静弄堂一探究竟；再次踱回江边，潮汐从未停歇，如同百余年来的每一天，一直拍打着十六铺码头。

密码数字为黄浦江到建筑的估算步行距离

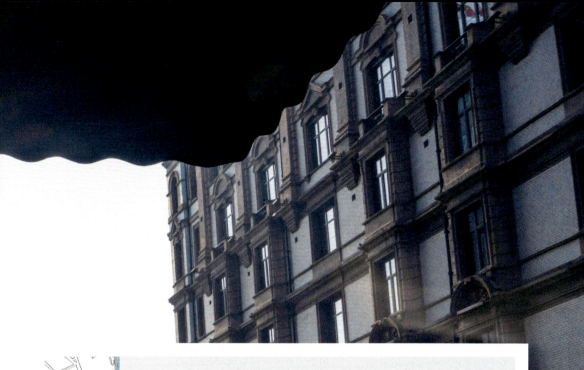

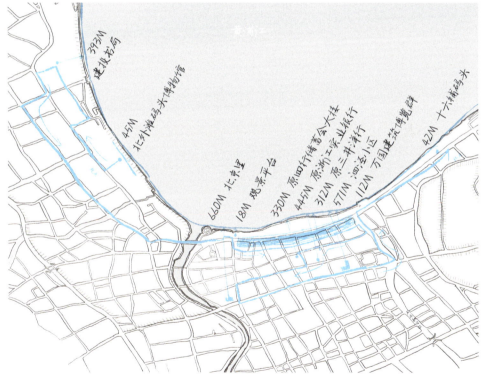

北外滩码头博物馆——建投书局——观景平台——万国建筑博览群——原四行储蓄会大楼——原浙江实业银行——原三井洋行——北京里——泗泾小区——十六铺码头

江湖一平米

一人 一语 一店 一活法

方寸之间有乾坤

高楼写字间

我们遇见一个个

自得其乐的"小江湖"

纵横江湖路

　　穿过外滩游览区，往万国建筑群身后走。从中山东一路背后至河南中路，从延安东路至北苏州路；这片有着 12 条与中山东一路相交、5 条与之平行道路的区域，我们称之为外滩后街。这些路段几乎全部被列入上海 "永不拓宽" 的道路。

　　作为近代上海重要公共活动起源地，外滩显然不只是万国建筑，其后街区域同样在上海城市发展史上发挥了重要作用。我们挑选了其中 10 条道路呈现它的个性，呈现纵横交错的外滩线条里藏着的岁月沟壑与江湖人事。它们如此贴近外滩前街，却有着截然不同的大隐于市的悠然。如果你像我们一样行走在其间，一定也能感受到不同于"前脸"的、未经雕琢的江湖气息。

157

西 234 北苏州路 东 190
W　Beisuzhou Rd.　E

紧邻苏州河，有四座桥连接对岸的南苏州路。附近居民爱来这里的沿河步道锻炼散步，也经常有游人沿河而坐。邮政大楼门口偶尔走出面带微笑的集邮爱好者，似乎收获颇丰。

河滨大楼

对话河滨大楼保安和
居民 P230

上水

路面上

4月 河岸两边
樱花开了

沿工亲水步道

街道全景拍摄于 2011 年

5

进口
ENTRANC

停车行为违法
请立即驶离
电子警察监管
（违法停车）

上海总商会门楼旧址

过路人

两岸有供游人休息的
亲水公共空间

158

木质亲水平台视野开阔
适合观察黄浦江和苏州河交汇处

外白渡桥

10t
外白渡桥

乍浦路桥

桥上有很多拍婚纱照的人

乍浦路桥

木 宠物控

在桥上能看见对岸南苏州路的
划船俱乐部旧址和新天安堂旧址

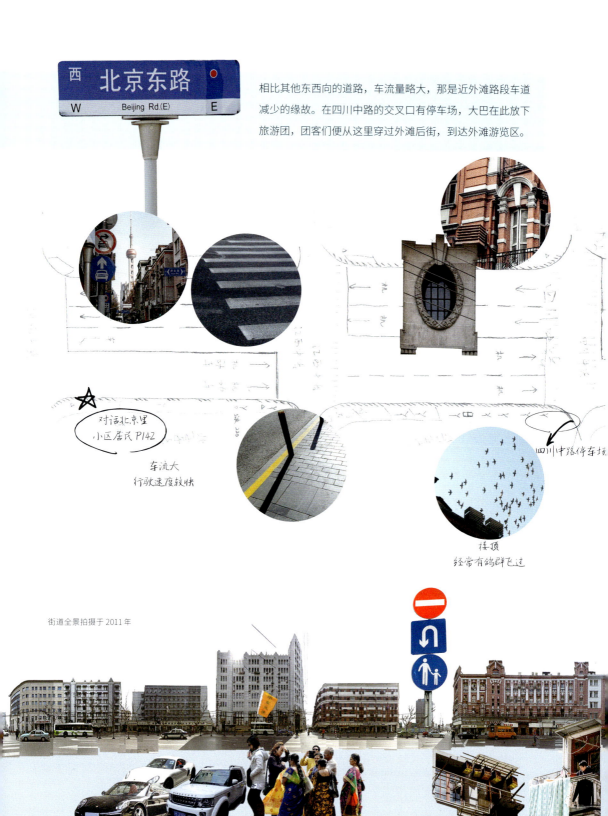

西 北京东路
W Beijing Rd.(E) E

相比其他东西向的道路，车流量略大，那是近外滩路段车道减少的缘故。在四川中路的交叉口有停车场，大巴在此放下旅游团，团客们便从这里穿过外滩后街，到达外滩游览区。

对话北京里
小区居民 P142

车流大
行驶速度较快

四川中路停车场

楼顶
经常有鸽群飞过

街道全景拍摄于 2011 年

名车

临街多功能阳台

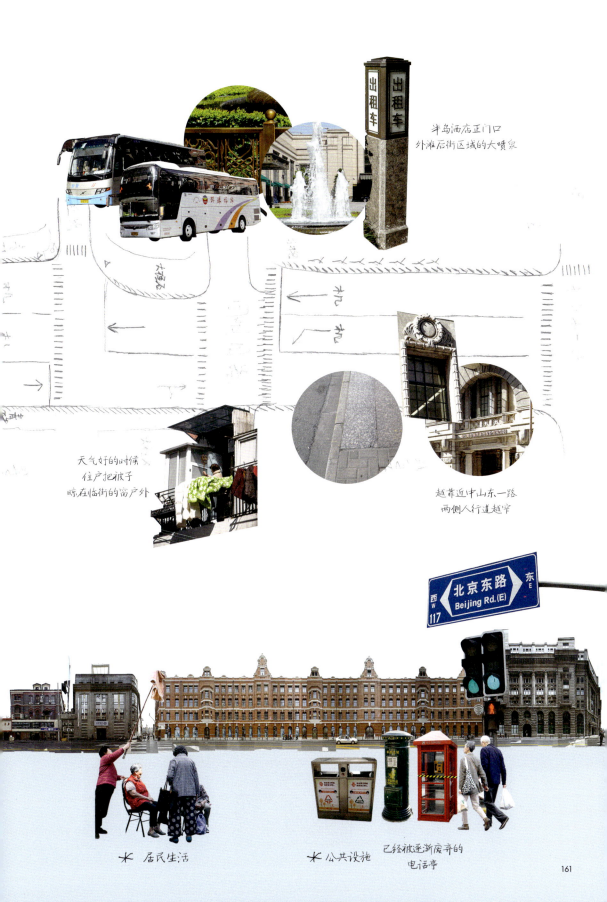

半岛酒店正门口
外滩后街区域的大喷泉

天气好的时候
住户把被子
晾在临街的窗户外

越靠近中山东一路
两侧人行道越窄

北京东路
Beijing Rd.(E)
西 W 117
东 E

✳ 居民生活

✳ 公共设施

已经被逐渐废弃的
电话亭

外滩区域除中山东一路外最繁华的马路,是游客们从南京东路步行街到外滩游览区必经的路段之一。人群汇聚穿行,沿路维持秩序的安保人员较多,并有清洁人员随时打扫。

站在这里,远远就能看见和平饭店标志性的绿顶和东方明珠

共享单车停放区域

大楼继续进行内部更新

林肯爵士乐上海中心 P25

新增的花坛式游客休息区

街道全景拍摄于 2011 年

观光巴士站点
游客在此排队等候

※ 游客

环卫工人驾驶的道路清扫车

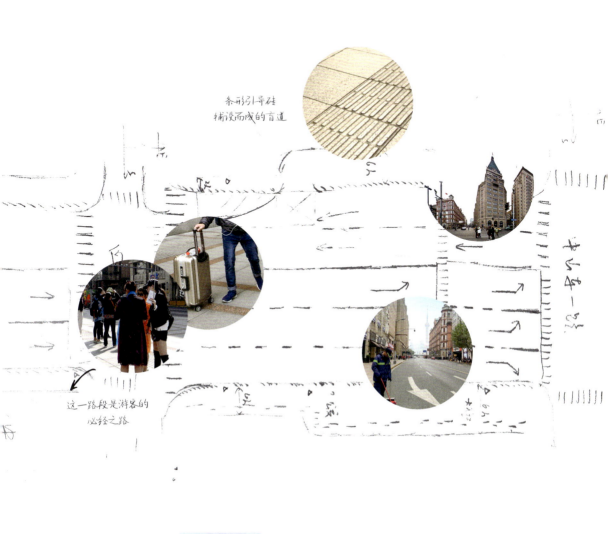

条形引导砖
铺设而成的盲道

这一路段是游客的
必经之路

✳ 安保人员　　遇到游客问询耐心解答　　　　　　✳ 时髦路人

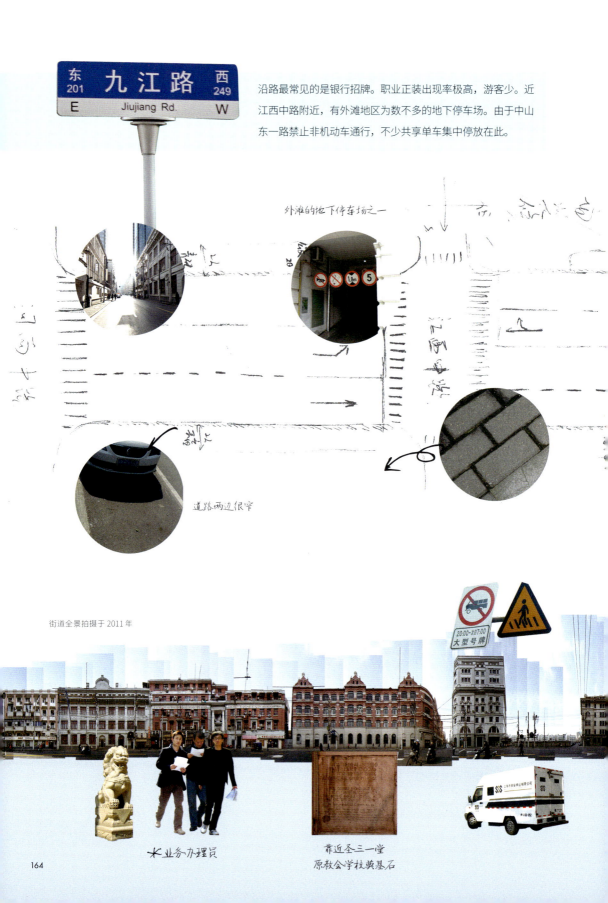

东 九江路 西
201 249
E Jiujiang Rd. W

沿路最常见的是银行招牌。职业正装出现率极高，游客少。近江西中路附近，有外滩地区为数不多的地下停车场。由于中山东一路禁止非机动车通行，不少共享单车集中停放在此。

外滩的地下停车场之一

道路两边很窄

街道全景拍摄于 2011 年

20:00~次日7:00
大型号牌

业务办理员

靠近圣三一堂
原教会学校奠基石

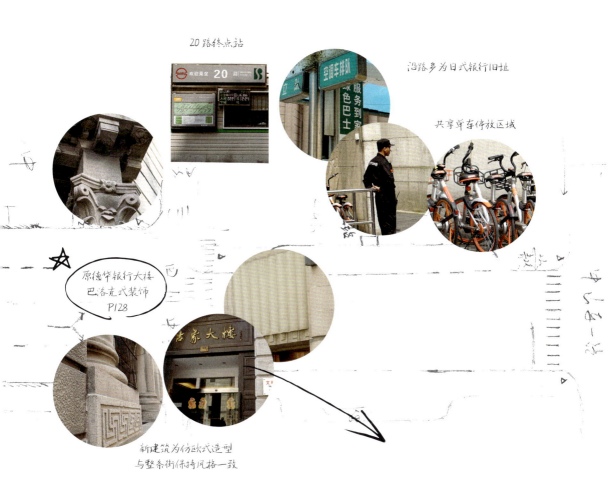

20路终点站

沿路多为日式银行旧址

共享单车停放区域

原德华银行大楼
巴洛克式装饰
P128

古冢大楼

新建筑为仿欧式造型
与整条街保持风格一致

中国银行
BANK OF CHINA

上海信托
SHANGHAI TRUST

除公交车辆外

※银行职员

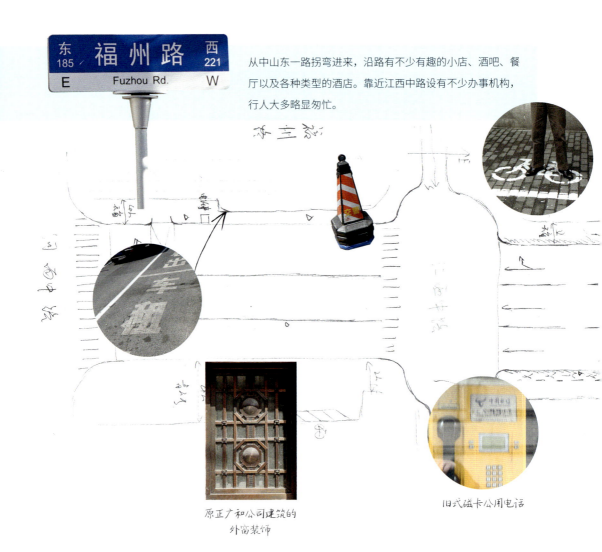

从中山东一路拐弯进来，沿路有不少有趣的小店、酒吧、餐厅以及各种类型的酒店。靠近江西中路设有不少办事机构，行人大多略显匆忙。

原正广和公司建筑的外窗装饰

旧式磁卡公用电话

街道全景拍摄于 2011 年

✳ 安保人员

✳ 执法部门

166

晚上经过此地
能听见爵士乐声
P24

对话有趣小店
P215/P218

便利店

保安和清洁人员
经常会在这里休息

外滩地区现存历史最久的建筑
原旗昌洋行旧址(1850年左右)

✳ 办事机构

✳ 办事员

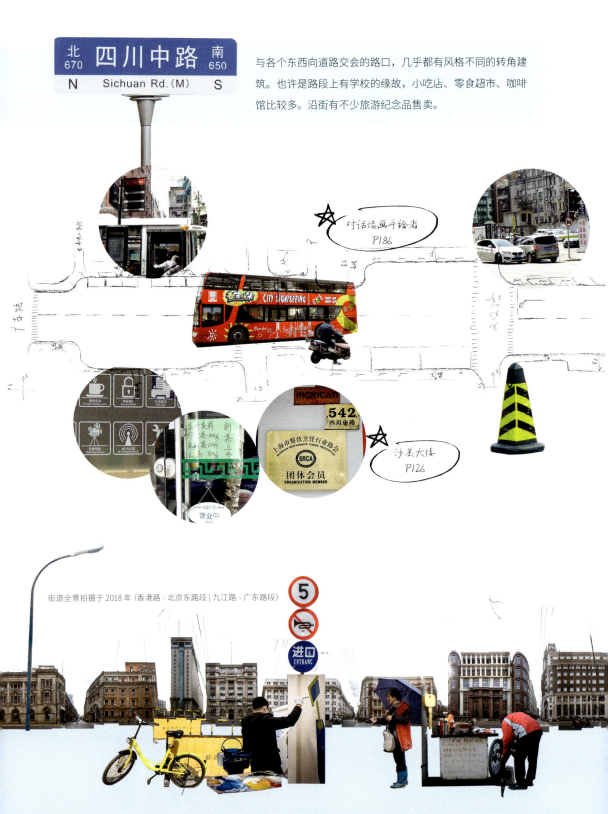

北 670 N 四川中路 Sichuan Rd. (M) 南 650 S

与各个东西向道路交会的路口，几乎都有风格不同的转角建筑。也许是路段上有学校的缘故，小吃店、零食超市、咖啡馆比较多。沿街有不少旅游纪念品售卖。

对话墙画手绘者 P186

542 四川中路

沙美大楼 P126

街道全景拍摄于 2018 年（香港路 - 北京东路路段 | 九江路 - 广东路路段）

✳市政维修　路段维修时常用黄色"铁马"围住

✳流动摊位　摊主离开时会留下手写的联系方式

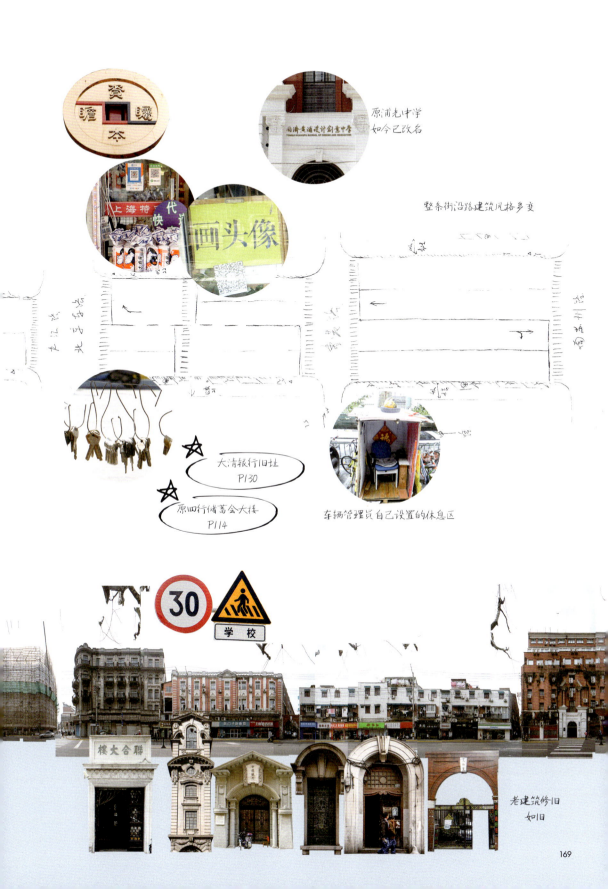

原浦光中学
如今已改名

整条街沿路建筑风格多变

★ 大清银行旧址
P130

★ 原四行储蓄会大楼
P114

车辆管理员自己设置的休息区

老建筑修旧
如旧

北 江西中路 南
N Jiangxi Rd.(M) S

外滩区域两条南北向马路之一，车道和两侧的人行道都很宽敞。圣三一堂被高大树木包围，环境清幽，周边设有长凳供行人休息。靠近河南中路段是化工颜料店集中的路段。

30
学 校

对话泗泾小区居民
P143

对话环卫工人
P192

福州大楼天台
又见鸽群

营业时间
公司业务
上午 9:00-11:45 下午 1:00-4:30
(周期六、日休息)
Business Hours

住房公积金个人贷款
业务受托机构
上海市公积金管理中心 监制

路口可以看见
外滩中心顶楼独特
的莲花造型

单行道

街道全景拍摄于 2018 年（九江路 - 福州路段）

福州大楼和原都城饭店被称为"双子楼"
也有人把他们和对面建设大楼一起昵称为"三姐妹"

原金城银行。正门上方的徽记据说由
鲁迅设计，是国徽的备选方案之一

对话调剂商店店员
P222

"双子塔"所在地
P124

比其他马路要宽很多

圣三一堂前的小花园

中山东一(二)路
20:00-23:00

圣三一堂

原工部局大楼 P106

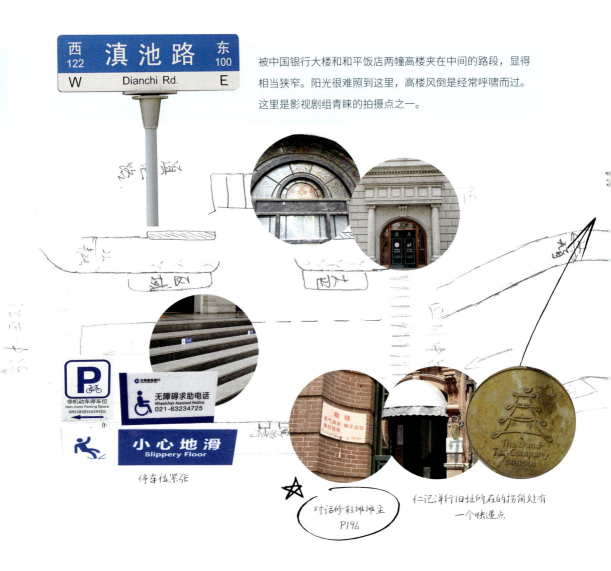

西 滇池路 东
122　　　　100
W　　Dianchi Rd.　　E

被中国银行大楼和和平饭店两幢高楼夹在中间的路段，显得相当狭窄。阳光很难照到这里，高楼风倒是经常呼啸而过。这里是影视剧组青睐的拍摄点之一。

P
非机动车停车位
Non-moto Parking Space

无障碍求助电话
Wheelchair Assistant Hotline
021-63234725

小心地滑
Slippery Floor

停车位紧张

对话修鞋摊主
P196

裁缝
高级洗衣 裤子改短
拉链换新

The Bund
Tax Company
SHANGHAI

仁记洋行旧址所在的拐角处有
一个快递点

街道全景拍摄于 2018 年

建筑物上有
桑叶和茶的纹样

口碑
商家

推薦

MasterCard

Maestro

Cirrus

RECOMMENDED

VISA
go with

PULL

VISA

VISA

推

支付及口碑
标识

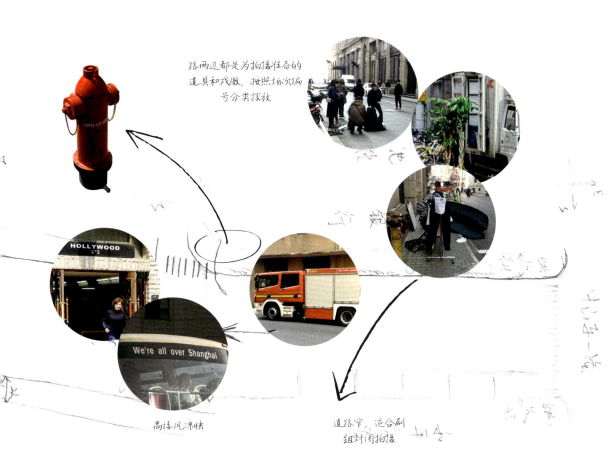

路两边都是为拍摄准备的
道具和戏服，按照场次编
号分类摆放

高楼风凉快

道路窄，适合剧
组封闭拍摄

✳ 影视剧组

✳ 送餐员

步行街铺设有仿弹格路式样的地砖，是各种电商、时尚街拍爱好者偏爱的路段。游客通常将这里作为游览外滩源的起点，一整排修复后的欧式建筑底层有多家餐厅、咖啡馆。

天气好时，摄影爱好者很多

正在装修的大楼安全网被时尚大牌租用作为广告栏，宣传品牌形象

非用餐时间，高级餐厅厨师们外出休息

43
圆明园路

恒昌洋行
ANDERSEN MEYER
Since 1906

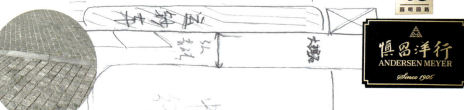

街道全景拍摄于 2018 年

米 外国游客

米 婚纱摄影

不少新人喜欢选择外滩源的复古欧式建筑作为背景拍摄婚纱照

街拍工作人员在路边堆放拍摄用道具

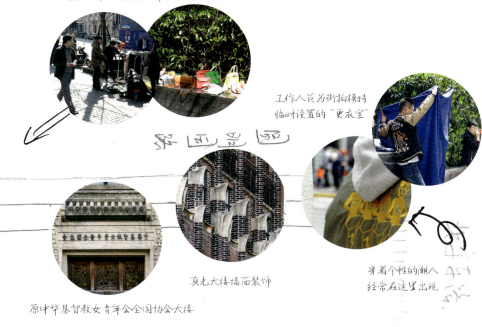

工作人员为街拍模特
临时设置的"更衣室"

真光大楼墙面装饰

原中华基督教女青年会全国协会大楼

穿着个性的潮人
经常在这里出现

此处现存的仿欧式建筑群，汇集了1920年至1936年间各类商业、宗教及文化机构，这一区域可以说是近现代上海城市生长的摇篮之一，如今经过修复改造开发，被称为"洛克·外滩源"。

＊街拍模特　　随着电商兴起，越来越多
街拍模特在步行街取景

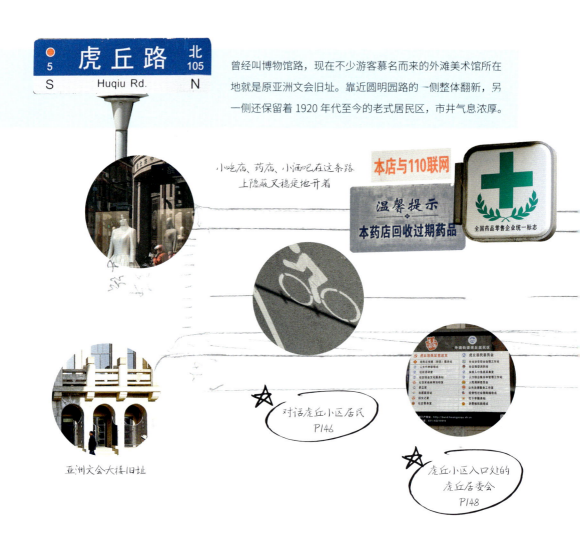

曾经叫博物馆路，现在不少游客慕名而来的外滩美术馆所在地就是原亚洲文会旧址。靠近圆明园路的一侧整体翻新，另一侧还保留着1920年代至今的老式居民区，市井气息浓厚。

小吃店、药店、小酒吧在这条路上隐蔽又稳定地开着

本店与110联网

温馨提示
本药店回收过期药品

全国药品零售企业统一标志

对话虎丘小区居民
P146

亚洲文会大楼旧址

虎丘小区入口处的
虎丘居委会
P148

街道全景拍摄于2018年

LEVANT ART

RAM
上海外滩美术馆
ROCKBUND ART MUSEUM

请按门铃
RING THE BELL

这里一直作为居民区存在，
沿街保留了各种老式的木门

❋ 美术馆   ❋ 门铃   ❋ 木门

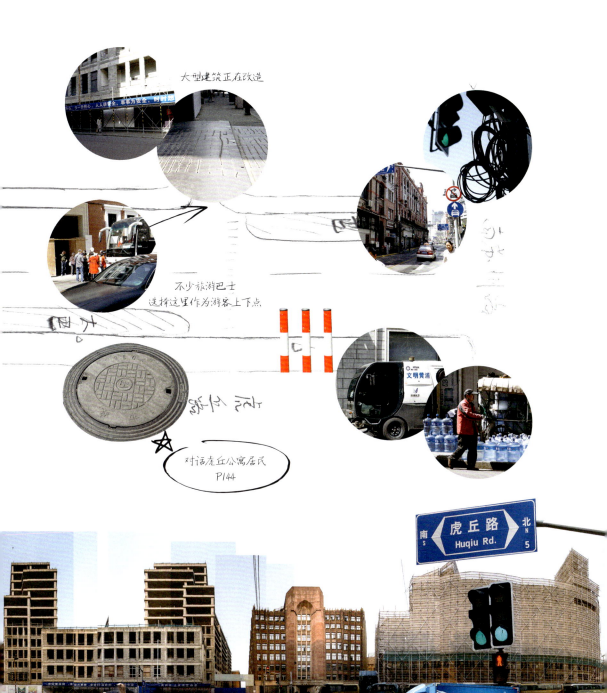

大型建筑正在改造

不少旅游巴士
选择这里作为游客上下点

对话虎丘公寓居民
P144

文明黄浦

虎丘路 南 S 北 N 5
Huqiu Rd.

好水送到家

✻ 工人　建筑工人们成群结伴上下班

✻ 居民送水集散点　后街固定送水点之一，送水公司运送到这里统一配送

177

一人一门派

有人的地方就有江湖。人常说职场如江湖，高手如林，门派云集。外滩职场又是怎样一个江湖？这一次，我们没有进入高大建筑的写字楼里找答案，因为在兜兜转转的行走中，我们发现了更多在路上的平凡从业者。他们的工作都与这片区域息息相关。

他们各有各招，自成一派。

外滩快照工作人员

时间：2017 年 11 月
地点：外滩观景平台

外滩的快照摊位背对黄浦江，如数列般秩序井然地停靠在观景平台上。在东岸天际线的衬托下，它和旁边的移动卖水车一起，成了景点与人群之外的另一道风景。每隔一会儿都会有人询问拍照事宜，可能是一天要招呼不少客人，工作人员嗓子有些沙哑。他抽空跟我们聊了一会儿，中途还快速完成了一单生意。

Q. 外滩这里拍照生意怎么样啊？

A：一般早上人不多，晚上七八点钟的时候人多一点，跟白天差不多了。主要有的人喜欢到这里看夜景，有的人喜欢白天。一般夏天生意好，忙的时候甚至要两个人。不过夏天白天太热了，没有人来（看风景），我们就只上晚班。

Q. 您在这边工作多久了？拍快照技术要求高吗？

A：我在这儿做了 5 年了。我是安徽的，同事基本上也都是外地人。我们是从摄影公司学的拍照，设备全都是公司提供的，我们只出个人就行。拍照会扛相机就好，而且就是快照，不修，修要时间，太慢了，logo 什么的都是公司开发的软件。

Q. 那您现在住在哪里啊，过来上班远吗？

A：我们一家人住在一起，在杨浦那边。骑电瓶车，10 来分钟就到外滩了。

（有顾客询问快照价格）

A：大的这种 50，小的 40，全部做好……

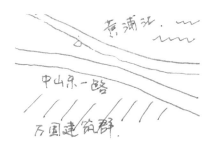

Q. 你们一人一摊是怎么安排的，有什么岗位规定吗？

A：早上 8 点半上班，下午 3 点钟下班，然后换个人管摊。下雨我们就不上班，雨停了才来。周六周日要上班的，一般会上几天、休息几天。上班挺自由的，没有时间限制。累了可以换下来休息，也不用一直站着。

我们轮流换（位置），今天在这里，明天在那边。从（观景平台）这边到那边一直轮流换，还有对面陆家嘴。我这边待段时间，陆家嘴也待段时间。浦东浦西这两边都是一家公司。我们拍照都是拿提成的。一般外滩平台这边，卖水一个公司，照相一个公司，就这两个，别的没有。

179

婚纱摄影师

时间：2017 年 12 月
地点：北京东路

影视剧工作者

时间：2017 年 12 月

地点：南京东路江西中路

墙画手绘者

时间：2017 年 11 月

地点：四川中路宁波路

　　四川中路宁波路上的那片被白墙围起的空地，明年计划变身停车场。在那之前，白墙将短暂地穿上新装。四五个青年，正背对着四川中路，分头默默地挥动着手里的画笔。

Q: 这画是个什么主题？

A: 这个围墙是给街道画的，像这幅就是社会主义核心价值观。除了城市美化之外，我们别的地方也画。有的时候是我们设计，有的时候是直接找的图。这个围墙到年底就拆了，里面是个停车场，听说下个月有部门检查吧。

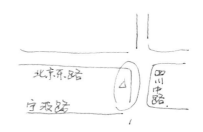

Q: 你们看上去很专业，都是学美术的吧？

A: 对，我们都学美术的，不过专业不同。我在上海上的学，我们有油画、国画还有版画专业的，什么都有。其实设计学院也能画，主要是统一风格，大家分工，有的人构图，有的人上色，有的人调色。底图一般是一个人画，不然风格不太一样。

Q: 每天要这样画多久呀？

A: 工作时间和上班差不多，每天差不多 5 点结束，要站一天。搞这个也要有耐心的，不过喜欢嘛，喜欢就可以接受。

自行车停放点管理员

时间：2017 年 12 月

地点：划船俱乐部旧址

　　穿着制服的老伯，精神抖擞，脚步轻快，旁边是排放整齐的共享单车。

Q: 您是专门管共享单车的吗？

A: 我是负责管所有要进外滩区域的非机动车的。反正是脚踏车都不能进去，统统放在这里。外滩在我年轻的时候就不能骑脚踏车了，你看我现在都已经是老头子了。（笑）

Q: 您在这边管那么多年啦？

A: 我退休以后来的这里，也没有很久的。不过外滩

这个规定是一直知道的，我是上海人，就住在虎丘小区那里。

"门童"

时间：2017 年 12 月
地点：南京东路江西中路

"蜘蛛人"

时间：2017 年 12 月
地点：北京东路

办公楼门卫

时间：2018 年 06 月

地点：四川中路宁波路

我们被摄影师镜头里门卫爷叔（即沪语叔叔）的腔调吸引，再度找到了他。清晨的外滩还没热闹起来，爷叔刚刚结束了值班，正准备下班回家。

Q: 我们看了您吹萨克斯的照片，觉得腔调老好的。您平时值班是不是都会吹萨克斯啊？

A: 我平时在这里值班也没什么事，晚上因为大家休息了，我就吹一会儿（放松下）。吹萨克斯就是我的爱好，我也不太到外面去玩，（外滩）这里南京路上的人太多了（笑）。

一开始楼里大家就感觉好奇，有人说你还会吹萨克斯啊，还有人觉得（我吹得）蛮好听的。时间长了，大家对我吹萨克斯也就没什么感觉了。

Q: 您大概什么时候开始学萨克斯的？

A: 大概有十年了吧。都是自己去书店买书自学的，乐谱什么的也都是书里看的。当时我快退休了嘛，想想退休生活也要老有所乐，我看人家萨克斯吹得蛮好的，就也想玩一玩。反正（我学吹萨克斯）没有很明确的目的，就是想年纪大了，退休以后给自己创造一点娱乐的空间。

家里人对我学萨克斯不是很支持，也不是很反对，毕竟我很少在家里吹。我一般是在公园里吹，早上或者晚上公园里没有人的时候去练练。有时候也参加各个街道文化中心的管乐队来练习一下。平时有公益演出的时候，我也会去（参加）吹吹萨克斯。喏，7 月份白玉兰广场那里有一个黄浦区的公益活动，我也应该会去。

Q: 您是上海人吗，在这里工作多久了？

A: 我是上海人，住在虹口那边靠近江湾镇，（离

这里）远啦。平时过来要骑电瓶车的。我是退休了以后在这里管一管大楼的门房间，（在外滩）已经工作七年多了。

Q: 您让我想到了和平饭店的老年爵士乐队，他们里面也有吹萨克斯的……

A: 老年爵士乐队啊，里面有一两个还是我朋友呢（笑）。大家一直在外面表演吹萨克斯，他们主要是在和平饭店，还有 XX 酒吧那里。我们都是（不同的）演出团队（的成员），互相之间经常会有交流。

和平饭店的老年爵士乐队有相当长的历史了。南京东路那边还有个林肯爵士乐上海中心，它是从去年开始才有演出的。上个星期我就在林肯（爵士乐上海）中心看爵士乐演出。有时候人家给我票子，我就去看看。退休以前我对音乐一窍不通，工作的时候也没什么时间去看。退休以后就管一管门房间，比较空闲，（就开始接触爵士乐了）。不过我还是以吹萨克斯为主，爵士乐（对我来说）比较难学。

环卫工人

时间：2017 年 12 月
地点：江西中路汉口路

　　据跟我们交谈的环卫小哥介绍，他们每人负责一条路线，每天打扫，节假日也不例外。一边给我们推荐拍落叶的最佳时刻和路线，一边他还继续着手里的工作，其间还有很多人来问路，他几乎不用思考就能指出方向。感觉他们是最了解这个街道的人。

Q: 每人扫哪个片区是规定好的吗？这是全市统一安排的？

A: 对，片区都是分管的。整个上海不知道，我是黄浦区的，各个区不一样。

Q: 那你是每天固定扫一个地方还是会给你们换路扫啊？

A: 固定的。换路的话大家都不熟悉了，我打扫久了对这里熟悉嘛。哪里垃圾多，哪里垃圾少，长时间扫，自己心里就有数了。你比方说，我们这边脏的就那边两个站台，正常 20 分钟就要去一次，上下车的人多对吧。你换一个人来总是没有这么熟悉的。

Q: 您是本地人吗？快过年了，你们大概什么时候放假啊？

A: 我们都是外地的。我们没有休息的，天天上班，春节没回去的。

Q: 最近网上有人说，好多路的叶子是不扫的，但是我去了之后发现地上的落叶都没有啦。

A: 落叶嘛都扫过了啊，哪个不扫啊，叶子不扫是不可能的。前几天不是起过大风了嘛，所以这几天叶子落得少。你等一段时间，叶子黄了，一阵风，你再来拍拍看，叶子多得不得了。

Q: 你们每天几点开始清扫呀？

A: 我们 5 点半就上岗了。你早上 5 点半的时候来拍，路灯还亮着呢。你要怕看不清，等到 6 点半来也可以，因为头一遍扫不完。

Q: 那梧桐树哪边比较多啊？我还想去拍拍梧桐。

A: 四川路那边，北京路上边，多得很呢。

（交谈中有路人问路）

Q: 好像还挺多人找你问路的嘛。是不是游客多了垃圾就多？不过没看到你们有垃圾车，扫完了送到哪儿啊？

A: 嗯，经常有人问路的。垃圾多少就看个人的素质了，有的素质好，就放垃圾桶，素质不好放地上我们就扫呗。车还没来，来了你到汉口路那里就看到了，都装满了。

鞋品摊主

时间：2017 年 12 月
地点：泗泾路 32 号近新泰大楼

　　离新泰大楼不远，摆着个卖鞋品的小摊，摊位旁没有人，我们刚拍下第一张照片就被忽然冒出的摊主大叔叫住了。他来上海几十年了，就住在附近的小区，除了下暴雨，每天都会守着摊位。他选择留在上海，女儿则在家乡工作。他说，不想让女儿挣扎于大城市租房和工作的压力。

Q: 您一直在外滩这里摆摊的吗？
A: 我是江苏人，来这边做了二十几年了，92 年 9 月份过来的，一开始是到上海鞋厂里面上班的。

Q: 这个摊子现在还有人过来买吗？
A: 有，但不多了，生意都不好做了。不过换到别的地方去生意更难做，更头疼。

　　（有城管骑车在摊位前停留，示意他把筐子往里放一放）

Q: 刚刚听您说起女儿，她也在上海吗？
A: 她不在这边工作，不适应在上海。她在扬州工作不是蛮好的嘛，反正网上视频（聊天）天天可以看到，现在都方便了。她经常一放假就来上海陪我。

Q: 您一个人住这边，会常去外滩逛逛吗？
A: 我晚上没事会去溜达溜达，待长了就没意思了呀。比如说你从外地来，觉得外滩好玩、城隍庙好玩，你逛一圈对吧，叫你天天去逛的话也不想逛了。

"老板娘"

时间：2017 年 12 月
地点：南京东路路口

　　趁着下雨，滇池路上的鞋摊老板娘放下摊子出来卖伞，她说来修鞋的人要是找不到她，自会打修鞋摊上留着的电话号码。

Q. 现在修鞋生意怎么样？

A: 都是老生意，还是有很多人要修鞋的。皮鞋穿穿它的跟啊底啊就磨光了，磨光了以后呢，他肯定要找我们。现在修鞋的摊还不好摆呢，马路上所有摊位都没有了，我们就只好摆在旁边 100 号弄堂里。我在这里修鞋修了 30 年，不知道修了多少鞋。我 24 岁就来了，做做小生意，下雨天嘛又来卖卖雨伞。

Q. 您是哪里人，怎么会来上海的呢？

A: 我是扬州人。我们那边的皮鞋厂比较多，一开始是来上海的厂里做学徒的。

Q. 过年准备回家吗？

A: 过年不回家，我十几个年头没有回了。我孩子也在这里上班的，就一个女儿。不过我平常有时候回去的。这不，我刚刚从家乡回来，回家 5 天，前天晚上才到上海的。我老娘 80 岁了，回家给她祝寿。

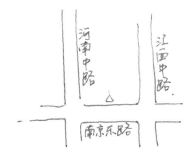

（她跟经过的环卫工人打招呼）

Q. 这附近的人您都认识？

A: 都认识，她也是我们老乡，是泗洪那边的，就是我们江苏省靠徐州那边。她在江苏最北面，我在南面。

外卖送餐员

时间：2017 年 11 月

地点：四川路桥（北苏州河）

下午 2 点，外卖车停在路旁，外卖小哥像一众爷叔那样，靠在北苏州河的岸边看人们钓鱼。

Q: 您怎么有空在这里看钓鱼啊？

A: 现在已经过了饭点了，没单了。饭点的时候单子多，下午只有些小吃，像奶茶、鸡排（之类的）。

Q: 外卖员都是单打独斗的吗？工作时间怎么算啊？

A: 送外卖的话，大部分时间都是一个人。不过我们是团队，有的人是众包的。团队是等着派单，众包是抢单。像我们是平台直接派给你（单子）的。我们就是要在线 6 个小时，其他规定没有，想跑就跑，不想跑就不跑。

Q: 您是家住这边，还是给分派到外滩这片了？

A: 没有，我不是本地人，是别人介绍过来的。我

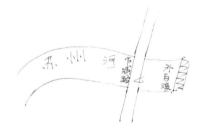

住在南京西路上，那个房子租金便宜，十几个平方米，1500 元（每月），而且能做饭的。我只要找能做饭，能洗澡的就可以了。

Q: 您觉得送外卖这个工作怎么样？

A: 也没什么。我今年 27 了，只是想自由一点，不行就再跑跑众包呗。

市政维修员

时间：2017 年 12 月
地点：北京东路

交管

时间：2017 年 12 月
地点：南京东路江西中路

快递员

时间：2017 年 12 月
地点：北京东路

后街江湖语录

　　蓝底白字的指引牌冷静细致，这里可以转弯，前方不能通行；红底白字的横幅跨过街巷大声呼吁；警示宣传标牌上的用语总是不经意地对称；各式各样的店面招牌从字体到造型材质个性迥异……它们寥寥数语却各带气场，不断冲击着我们的眼球，好一个热闹的外滩后街文本江湖！

推 PUSH

热烈欢迎

MA

小手拉大手 同创文明城 共筑中国梦

居民自律遵守公德垃圾入箱

小草在睡觉

高压危险 请勿靠近

注意 有探头

政治上尊重老干部
思想上关心老干部
生活上照顾老干部
精神上关怀老干部

争创市政市容综合管理
最赞道路 👍
圆明园路（南苏州路—滇池路）
黄浦区市政综合管理委员会办公室
黄浦区精神文明建设委员会办公室

私
非

中国建设银行
China Construction Bank
无障碍求助电话
Wheelchair Assistant Hotline
021-63234725

需要帮助请按铃

号

老建筑，重塑经典
我们为她优化内部结构

既有建筑改造专家品牌

独家秘籍

外滩后街有几家低调的小店，门脸并不瞩目。走进店里，才发现她们各有特色，很"有味道"，难怪隐身于江湖喧嚣之外，却一直有客循迹而来。店里坐镇的多是退休后的上海阿姨，就住在附近。她们在谈笑间轻描淡写地道出自家的产品特色和经营理念，最后还不忘提一提好口碑。她们的笃定、自信和小店融为一体，构成了每家的独特气质。

这片区域更多的还是那些开了十几二十年、却从招牌上看不出属性的小店，经营范围更替，店铺招牌却不为所动，渐渐跟外滩的老建筑们不分彼此。他们存活的秘籍是住在附近的回头客。知根知底的街坊邻居们早就熟悉了摸不着头脑的店名背后到底装着什么必需品，上门购买有时不为别的，就是一起谈笑聊天，陪伴彼此度过闲暇的时光。

纯手工刺绣布鞋

对象：suzhou cobblers 店员、顾客
时间：2017 年 11 月
地点：福州路 17 号

这家店的老板就是设计师，本人很少来店里，基本都交给店员打理。店员是一位退休的上海阿姨，会说点简单的英语，招待外国顾客时也毫不怯场。店里各种手工绣品精致典雅，纯手工的刺绣布鞋尤其品种多样。她说来这里的基本都是回头客，还有很多人拿着杂志报道慕名而来，尤以外国人居多。

Q: 您是这里的老板吗？你们这个店是不是开了挺长时间啦？

A: 我是员工，退休之后来的。老板是上海人，不大过来，因为她本身是设计师嘛。这些鞋都是她设计的，她有团队，自己也设计。我们这个店十几年了。我在这儿干了一年多。

Q: 你们的鞋子全都是手工做的？

A: 是的，都是手工做的，像这种绣花全是手工绣的。我们的鞋子成本其实很高，但鞋子价钱不算很贵。这种鞋子不是大批量生产的，要一道一道把它叠起来，一双双裁片做的，成本肯定很高的。我们不仿人家的（款式），优势就是独特，花式造型新颖，做工讲究，不是一般讲究，是很考究的。你看店里陈列的东西也都是老的，像这个凳子就是老上海的双人凳。

Q: 平时来光顾的客人多吗？

A: 有时候人还蛮多的，今天天气不好，人就少一点。人多的时候，店面就感觉小了。各式各样的客人都有，有北京来的，还有一批批的外国人——像日本啊，美国啊，好多国家的人。他们有的人拿着杂志过来，国外的杂志上有报道我们这家店的，我们的网站都是英文的。

Q: 他们都是游客吗？

A: 我们基本上都是老客户多，客人跟客人介绍，路过的人少。我们的老客户，他们都是很有情怀的，有品位的，能读懂我们的！主要老板本来就搞设计。喏，你要想了解她，给你这个（带有设计师介绍的精美册子）看看。这上面有她的个人简历，这是她在香港的作品……还有前两天我们刚做过的活动，她们都是专业设计师。

（我们又和店里的顾客攀谈）
Q: 听说您也是这家店的常客？

A: 我以前经常来，中间有几年没过来。

Q: 听口音您不是上海人？

A: 我是台湾过来的。因为我蛮喜欢这家店的东西的，有点中式和西式碰撞的感觉，不是那种特别传统的。台湾有这种感觉的东西，可是和这家店一样的产品好像还没有。我来这边大部分时候遇到的好像都是老外，感觉外国人很喜欢这种。

原创青花瓷

对象：海上青花店员
时间：2017 年 11 月
地点：福州路 17 号

这里几乎与隔壁 suzhou cobblers 同时开业，同样是设计师开的小店，也同样是一位退休的上海阿姨在打点。阿姨在这家店干了十几年，谙熟店铺的经营理念。这里卖的是商品也是艺术品，她说设计师对自己的作品要求十分严格，一批卖完后就不再会有同样的商品出售。数量少，款式新，感觉件件都是限量款。

Q: 你们这家店开了多久啦？您一直在这儿做？

A: 03 年到现在……大概开了 13、14 年，我们（和隔壁）一起开的。我大概呆了有 12 年了吧。我退休了过来的，因为我喜欢这个。你们小年轻到这里来没什么发展空间的。

Q: 设计师老板会经常过来么？

A: 她很少过来的，这个店主要就交给我打理。她是上海人，嫁给了英国老公，一般英国住几个月再回来一段时间。

Q: 这边写了三个名字，他们都是设计师吗？

A: 对，设计师。我们老板还有两个（工作伙伴），都是在景德镇的，上海是没有（窑）的，要从那边做了运过来。他们都是自己设计，自己手绘，独一无二的。而且做这个蛮难的，我们有一点点瑕疵就不能拿出去，就是报废了。所以说我们这个东西又现代、又传统、又实用，还可以放在那里当艺术品。

Q: 那是不是产量很少呀？

A: 我们有些东西做出来就是限量的。有时候我说人家喜欢这个，你再做一点，她说不行，要做新的东西。艺术家就是这么轴，我也没办法。而且要成功做一件大的艺术品很难很难的，不是一下就做得出来的，要烧啊画啊，报废了再烧再画，再报废再烧再画……她平时也设计其他东西，也有别的事情，她这个店又不赚钱的。

Q: 一般什么人会来这里消费？

A: 现在中国人蛮多的了，以前主要是外国人。中年人居多吧，不过现在年轻人也不少，我们这里的白领、银行职员吃午饭的时候进来买个小东西也有。而且有些人进来就说我们东西不贵，真的，因为他们知道这些都是自己设计的，自己做的。这东西是做了一件就不会再做第二件了，都是独一无二的。我们就是老客很多，我还交了几个老客（的朋友）。

回收老照片

对象：协民调剂商店老板 (A1)、店员 (A2)
时间：2017 年 12 月
地点：四川中路 563 号

      问了店家才知道,调剂商店原来是古董商店,这家店开了几十年了,搬到现在的地方也有十几年了。像之前走访的后街另外几家店一样,里面也有一位退休的上海阿姨,不过阿姨是来"帮忙的",旁边那位 30 岁左右的年轻人才是老板。两个人看店,多了一搭一档的默契,这份工作也因此更像是生活的"调剂"。

Q: 什么是调剂商店呢?

A1: 就是你不用的东西可以拿过来给我们回收,就是这样的意思。

Q: 是回收古董吗?

A1: 不一定要古董。你看我们还回收老照片,像这张是以前 30 年代的。老照片就是有历史的。比方说一些风景名胜区啊,比方说以前南京路啊,外滩……

Q: 平时顾客多吗?

A1: 做我们这个的,说不好。有时候从早到晚一个人也没有,有时候晚一点,倒是有人来了。一般是客人开价,我们就看东西值不值,能做不能做。这里就是民间收藏,专业鉴定我们不做。基本上来的都是老顾客,有时候他们没什么事就过来坐坐。

Q: 这家店开了多长时间了呢?

A1: 在这里十几年了。这个店面以前像小区小卖部一样的,卖卖糖果饼干什么的生活用品,开了好几十年,公私合营以后嘛店面收归国家,就慢慢做些别的东西。这家调剂商店原先是在福建路那边的,那边都是一些老字号的店,后来迁过来的。

(旁边的阿姨也一起聊起来)

Q: 您也是上海人?也在这儿做?

A2: 我是上海人,一直在这里的。不过也不算员工,我是朋友介绍来的。我住在这附近,大家下午来聊聊天、喝喝茶……就是朋友之间帮帮忙的。

A1: 这附近阿姨最了解了,她是土生土长在这边的。

Q: 那你们每天开多长时间呀,需要了解古董相关的知识吗?

A2: 我是不想了解的,我又不专门做古董生意。反正(货品)上面都有价格的,要卖东西就问老板什么价,一般他们自己都在的。我基本上 9 点半到 6 点钟在,等会时间差不多了就去换衣服,要回家烧晚饭。

A1: 这个阿姨呢,衣服很多的,喝茶的时候一套衣服,吃饭的时候一套衣服……

A2: 烧饭的时候一套衣服,睡觉的时候一套衣服,哈哈一天要换七套衣服。

A1: 下雨天的时候要穿什么衣服,都有讲究的。

外滩后街的小店大多都有些年头，招牌名称也是风格迥异。我们好奇地走访了几家，竟然都有一种信手拈来的感觉。Hollywood 服饰店开了二十多年，店里的两位阿姨是外贸公司退休员工，据说老板因为看了一部好莱坞电影，就起了这个名字。鑫月咖啡馆再往前几步就是人潮汹涌的南京路，店里却略显冷清，老板娘说经营了有四五年，因为只卖咖啡的效益不好，现在改成咖啡馆和面馆同时经营。

上海金水商场里卖的是办公用品，从店名却看不出任何蛛丝马迹。老板很是随性，延续之前电器行的招牌十几年，说着要改，却也不知道什么时候会改。隐藏在居民区里的小店也有不少，泗泾小区里恒业车行的老板娘就住在附近，这个叫"车行"的小店同时也是小卖部，延续着老上海"烟纸店"的功能。

乾坤十八式

外滩后街的大部分建筑最初都是公共建筑，设计者们大概从没想过百年之后，这里会被一个个小住家挤得满满当当。因为在外滩，这里不能大刀阔斧地改头换面，但每家每户都在方寸之间用心经营自己的生活：信箱和防盗栏展露了个性，天台和楼梯空间的利用、"寄生家"的搭建，则更充分地展现了"螺蛳壳里做道场"的能力。这是一种生活智慧，更是上海人的生活态度。

一楼一社区

在外滩周边这些改作住家的大型公共建筑里,河滨大楼不仅完好地保存了原有的风貌,而且还保留着当初"亚洲第一公寓"的各种使用功能。整栋河滨大楼相当于一个不小的社区,近600户人家共同生活在这里。

河滨大楼的楼道很宽敞,但因为它"S"型的大楼形态,走着走着又有曲折,有时甚至辨不清东西南北。但楼道两侧分布着的几十户住家的大门,却是我们放慢脚步的根本原因。

这里的门,每一扇都是真正的"门脸",看得出,家家户户都为此用心装扮。材质、造型、颜色、门牌号、祝福贴、门铃……那么多花样组合,光是据此猜测住户的个性,就让我们这一路都乐在其中了。如果碰上抄水表电表的日子,门上还会多贴一张纸条,有手写的、打印的、补充说明的、表达谢意的……

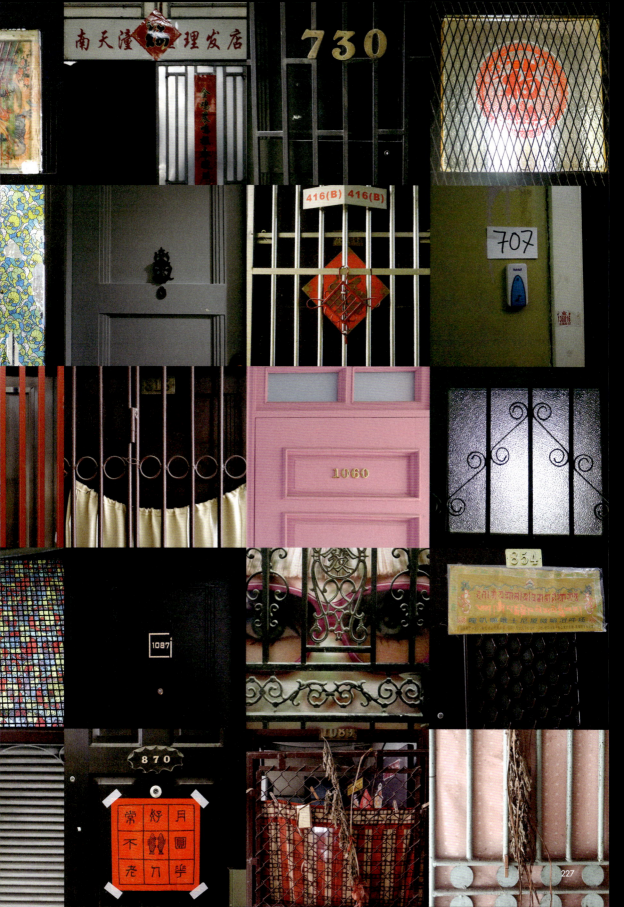

227

在苏州河边漫步，经过上海邮政博物馆，就到了河滨大楼。

从外观上看，它属于现代派建筑风格，身姿挺拔高大，楼高 10 层，顶部 3 层是后期在原有基础上加盖出来的。设计大楼的时候，由于地皮不规则，建筑师因地制宜，设计出了在俯瞰时呈"S"形的大楼形态。这样不仅各个楼层采光、通风状况良好，而且还将大楼所属人沙逊（Sassoon）英文名的开首字母"S"留在了建筑里。

河滨大楼的四面由马路环绕，有 8 个门可以出入。从北苏州路的正门进入大厅，地面上的"EB"就是河滨大楼英文名称 Embankment Building 的缩写。两侧墙壁上的金色马赛克保留至今，由此可以想见当年这栋建筑的气派。

作为上海最早的"水景住宅"，它占地7000 平方米，有 7 处楼梯，9 部电梯，还有暖气设备以及 2.1 米深的游泳池，堪称当时的

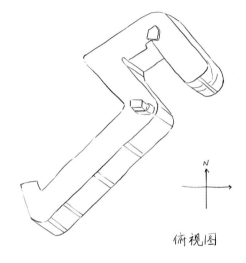

俯视图

"亚洲第一公寓"。1938 年，沙逊曾经把大楼免费提供给犹太人作为避难场所。1945 年后美国哥伦比亚影片公司、米高梅影片公司、美国电影协会等都曾经租用河滨大楼设立机构。

站在河滨大楼的窗前远眺，可以看到苏州河从楼前静静流过，远处的外滩万国建筑和东方明珠遥遥相对。因为这样的视野和内部结构，近年来，河滨大楼成了很多影视剧的取景地，它独特的身姿也因此活跃在大小银幕上。住户们对此习以为常，依然延续着他们平静的日常生活。

对象：河滨大楼的保安和居民
时间：2018 年 04 月
地点：河滨大楼大厅

(大厅里 2 位认真负责的保安)

Q. 北苏州路这里是大楼正门吧？

A1: 对，这是正门，前面还有个大铁门，和我们这里是相通的。

Q. 这电梯看上去也是有年头的嘛……

A2: 刚开始就有的。最开始楼层只有 7 层，后来加盖了 3 层。大楼里面其他都没改造过。以前地下室还有个温泉游泳池呢，不过好长时间不用，现在都封掉了，不好下 (地下室) 去了。

Q. 那边的电梯平时不开吗？

A1: 我们正常情况下一天开一部电梯，星期一和星期五早上两部都开。因为会有居委会免费上门给老年人送盒饭。当然平时也看人流量，如果居民一下来了很多，那我们就两部都开。

A2: 除了这两部，还有一部大电梯，专门用来搬东西的。运装修材料，搬家具什么的。

Q. 这房子一直有人装修？

A2: 对，住户要装修的。我们这里有老年人，也有年轻的住户。各种各样人都有，外国人也有，我们这里是小联合国。总共有 600 户人家。

Q. 你们在这里做了很久了吧？都是本地人吗？

A1: 我在这里有五六年了，不是本地的。我印象里是在这里看到上海中心慢慢造起来的。

A2: 我是上海人，在这里做事，不住在这里。

(楼里热情的居民)

Q. 这里紧靠苏州河，河景房房价很高了吧？

A: 对着苏州河的，朝南的房子大概 10 万一平米。外滩这里好多小区都是公租房，每个月交租金的，我们这里不是。以前没改造的时候旁边这里是土坡，苏州河水又不干净。后来政府改造以后，现在好多了，河浜里很清爽。不过这里是老大楼，里面蚊子还是多的。

Q: 大楼里面的户型都是一样的吗？

A: 户型基本上是一样的。每家人家的房子面积不一样，有些大有些小，但是构造都是一样的。8、9、10 这三层户型基本上差不多，它们是 70 年代加（盖）出来的，三十到五十个平方米，小一点。1 到 7 层的户型也差不多，2 到 7 楼每户有 100 到 200 多平方米。这个房子好在什么地方？层高比较高。现在房子 2 米 6 到 2 米 8 最多了，我们这里 3 米 8，在里面不压抑。

Q: 这么高！老房子的设施怎么样啊？

A: 我们都是用（抽水）马桶的，原来就有。煤气也是刚开始造就有了，以前还有过供暖。这个房子当年是沙逊造的。

Q: 那住在这里平时买菜什么的方便吗？

A: 买菜、去超市都不太方便哦。动迁之后菜场都没了，这个大楼里因为老年人居住的还是挺多的，买小菜要到宁波路，浙江路也有（可以买）。总归不是太方便。

Q: 听说有很多外国人在这里住？

A: 外国人以前多，现在少了。二十年前，这个大楼里住的基本上是外国人，那个时候这栋大楼很有名气。现在这里好多房子都租出去了。对面七浦路做生意的人来租。真正（一直）住在这里的居民现在少了。

Q: 楼里大家关系怎么样？邻居之间都认识吗？

A: 邻里关系挺好的，互相认识的比较多。不像其他小区，开门都不认识的。因为这个大楼里好多都是几十年的邻居了。现在的公寓楼里应该没有这种邻里关系的气氛了，你下次早上来，六七点以后到小花园里，都是老年人在里面锻炼、做操，大家都互相打招呼的。年纪大的有八十几九十几的，最小都六十几的。

Q: 平时楼里组织什么娱乐活动吗？

A: 老年活动有的，唱歌跳舞，居委会里面都有的。像 3 到 7 楼的老人家到了晚上还会集中起来，在前面的小花园里跳健身舞。都是六、七十多岁的聚在一起。

Q: 这里经常有游客过来吗？

A: 有慕名而来的，还有的就是想来看看建筑。因为这个楼构造跟隔壁邮政大楼（上海邮政博物馆）很像的。还有一部分是因为电视里看到才来的，很多电视剧里都会有我们楼。大楼里房间大，机位好摆，拉得正。我们走廊也老长老长的，拍走路、进门的镜头拉得出。以前还专门有个电视，有外国人讲河滨大楼的构造，讲他住进这栋楼那么多年的生活感受。

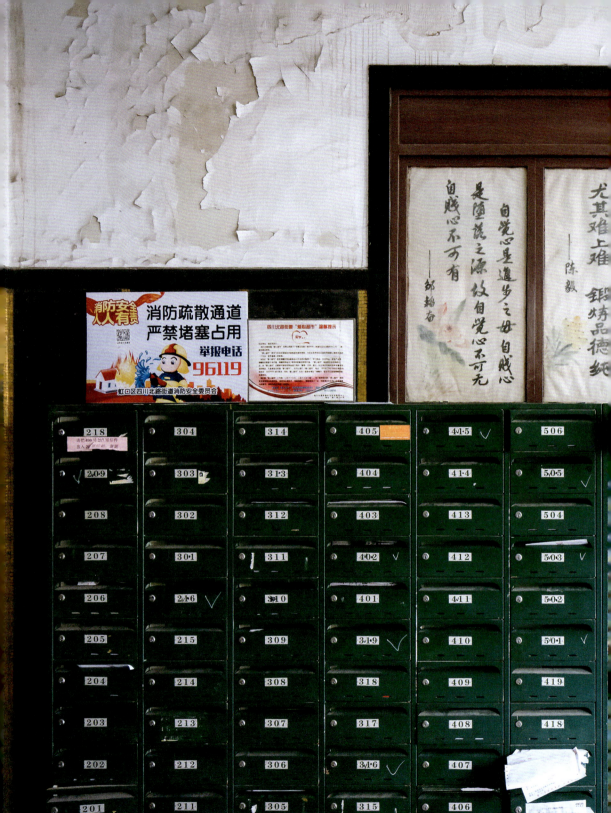

楼梯

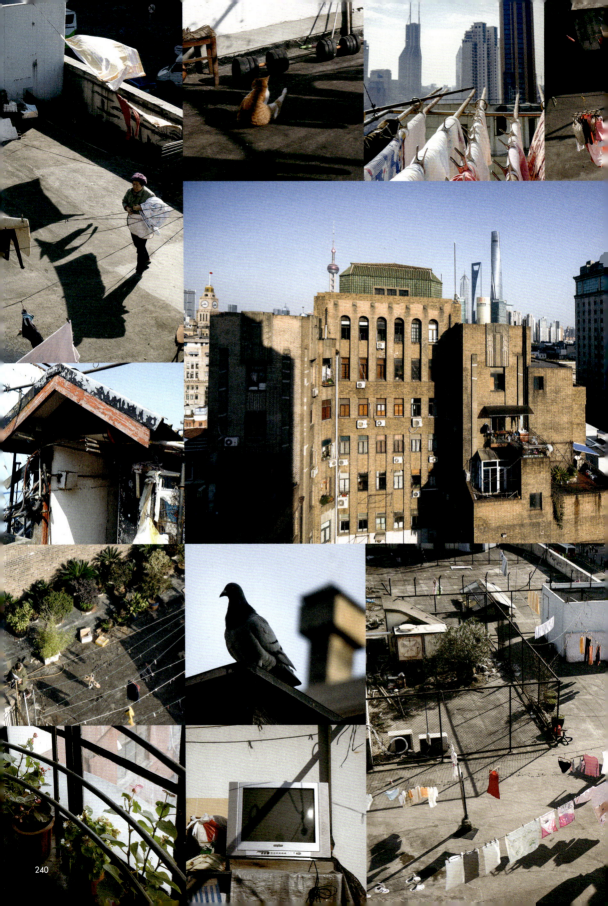

天台

防盗栏

244

信箱

寄生家

　　这是我们给取的名字。被搭成小间的外挑式阳台，或是这里再开的一扇窗，那里多加的一道门，他们都形成了依着现有建筑的一个寄生空间。"寄生家"不能独立存在，却很好地弥补了居住环境的先天缺陷，比如厨房的设置，抽水马桶的安放。尽管不一定和建筑风格统一，但他们至少也没让老楼掉价。

　　人们总有办法，让自己生活得更好。

解码江湖一平米

IOOW2OE—I22W56E—484NI7OS—37WI7E

我们借用路牌的区间标示编写了这组密码。跟随字符密码的指引，在这些路段里，你将解码外滩千人千面的"小江湖"。人们活跃在各自的领域，把每一平米的立足空间，生活得有滋有味。

把仰望高楼的眼光放低一些，你会体验到外滩的另一种韵味。南京东路有来自五湖四海的热闹，保安与车辆行人互相依存，大小旅游团每天穿梭其间；滇池路安静又神秘，运气好的话，在这里能看见影视剧组的身影；江西中路内涵丰富，不仅有各式各样的店铺招牌，还有风格迥异的各种建筑；最有趣味的是福州路，不起眼的拐角处，往里多走几步，也许就能发现隐藏着的小店。

密码数字为上海路牌所标示的门牌号区间

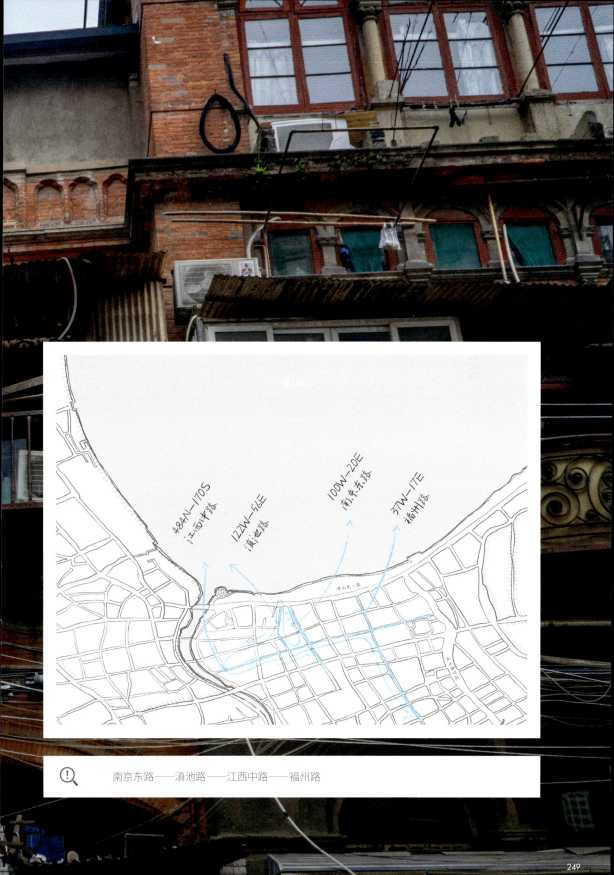

484N－170S
江西中路

122W－56E
滇池路

100W－20E
南京东路

37W－17E
福州路

中山东一路

南京东路——滇池路——江西中路——福州路

无界的窗口

往窗外看

我们见到风景

望向窗内

看见风景中的自己

那个窗口

真的隔开了空间吗?

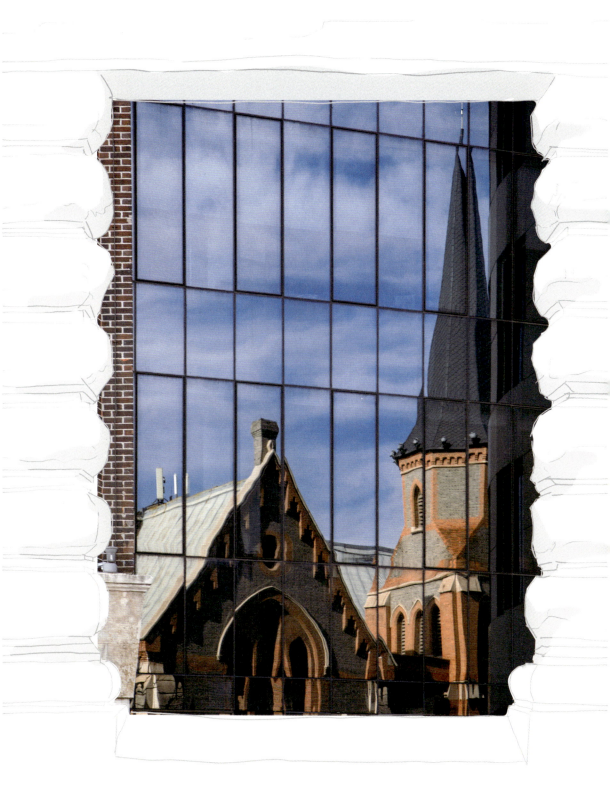

解码无界的窗口

15—133—32—3191—27—20—18—17—5—3—2

　　我们用建筑的门牌号编写了这组密码。跟随数字密码的指引，透过这些建筑物的窗口，你将解码外滩宽广的视角。从内向外，从外向内，目光与窗口交错，你看到了什么？

　　沿着江岸边走边看，从浦江饭店和外滩十八号的窗口里，感受它们的时髦传奇；在TASAKI和海上青花的窗前，体会古典与现代交织的多重魅力；以半岛酒店和外滩三号之眼，发现上海滩的时尚与新潮；跟随着和平饭店和Atto Primo的视线，观摩一场华丽与优雅的亮相。窗口内外，风光无界。

密码数字为各窗口所属建筑的门牌号码

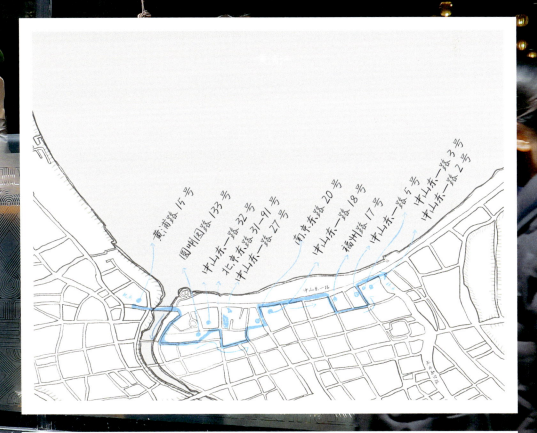

黄浦路 15 号
圆明园路 133 号
中山东一路 32 号
北京东路 31—91 号
中山东一路 27 号
南京东路 20 号
中山东一路 18 号
福州路 17 号
中山东一路 5 号
中山东一路 3 号
中山东一路 2 号

中山东一路

浦江饭店——TASAKI——半岛酒店——益丰・外滩源——罗斯福公馆——和平饭店——外滩十八号——海上青花——Atto Primo——外滩三号——华尔道夫酒店

后记

　　大家说后记里通常是要列感谢名单的，但是考现这一路上到今天，真心要谢的人很多很多。所以对每一位提供过帮助的人，我们只能印刻在心。

　　在本书内容快完成的时候，我说还是把一些未能在正文中讲完的话记录下，于是便有了参与本书核心工作的两位和我一起的这次对谈，九零后小熊和我共事三年一直在做考现，小林是我大学同窗如今我们因为考现在一起工作。对谈记录整理的过程中，十多年来对我做考现一直不遗余力支持的知己毛，以及同事十年参与考现的东泽，都给予了重要的建议。

一、说说考现，为什么要做这件事情？

首先谈一谈对考现的理解。知道考现这个说法，是我们一位日本顾问福本真宪在看了最初我们做的城市观察之后，当即介绍了日本今和次郎先生为首创立的考现学，说与我们有相通之处。在中国人的语境里，对于考现这两个字，大家的理解可以是多种多样的，这也是中国文字的魅力。考现，可以理解为考察现在；考察发现，是另一种理解；考察现象，也是一种理解。总而言之，考现这个说法显得研究性挺强。而当时我想做这个事情，初衷很简单，就是想记录现在——当下的、此刻的，在上海发生的一些事情和不知不觉中的变化。

举个例子，比如书中提到外滩的情人墙。外滩对我们这代上海人最初的记忆就是两件事，一件是国庆节里人山人海去看灯，第二件就是家里年长的，介于父辈和我们之间的一些前辈们，他们去谈恋爱或者相亲的最佳场所。

一个前辈曾给我讲述过他年轻时候的一段经历，他那时候跟他太太两个人到外滩也去约会。那时候的防汛墙边，不像现在还挺亮，对岸是黑黢黢的一片。那个地方特别挤，永远是两个人一起，一对挨着另一对。但当他独自去的时候，边上那一对一定为他空出两个肩膀的距离，帮他空出以后，人家另一对才占位置俩人紧挨着肩膀。你是一个人来，不管你是男的还是女的，都给你留两个人的位置。因为阿拉约定俗成，这里就是个情人角。这种尊重人性是上海人骨子里的。这些情侣来自社会百业，各个阶层，这是这座城市有魅力的人性的部分。没有地图也没有地名，没有工人纠察队或者一个协警，明确告诉你，这个地方是情人客厅。这就是文化现象，它必须是亲历者的讲述或者被观察。不被记录，那后面人就不知道。不知道的不是这段堤岸的过往，而是从那个时候开始就能看出来的，上海人的修养。

考现的意义就在于此。它不是对很久远的历史的回溯和考订，而是对近期的转瞬即逝的存在的记录，所以它是鲜活的，可触摸的，如同纪录片一般具有影像的骨感和力量。

这就是我和团队做这件事情的初心。

二、你说过，考现有对当下的尊重，也有对历史的尊重。

对，先说说对当下的尊重吧，我认为这是考现的出发点、价值观，同时也是方法论。

以"建筑的潮汐"这章的名字来源为例。那天现场行走时，雾很大。我们到原来垦业银行也就是现在电力协会办公的那栋楼，电梯门打开的时候，整个装修特别新，给人的感觉是正式的办公场所。但越往上走我们就发现生活的气息一下子聚拢变浓了，木门边都挂了吊篮，走廊进去各户人家会有纱帘，可能夏天装的冬天还没拆，就一直保留着。这栋楼里的反差一下子吸引了我们。顺着一点亮光，摸上天台。刚好有老人家在那边聊天，我们就问了能不能上去看看，他说可以啊，这里很多外国摄影师都来过的，专门来这边拍照。我们就更好奇了，没看到这里有什么特别的介绍，这上面能看到什么？结果走到天台边上，往陆家嘴那个方向看（就是下图这个场景让我们按下了快门）。因为有雾，所以看到的景色就像加了人工滤镜，很明显的陆家嘴"四高"建筑的轮廓。然后看到外滩这一边万国建筑的轮廓，再看到我们在做案头时留下很深印象的后街街区里的老建筑群。因为我们站在最高点，会发现所有大楼的最顶层是没有被改建的，还能够看到它们原来的样貌。整个景色是一层一层的，当时还没有立即想到"潮汐"这个说法。后来结合了这片区域里人的活动轨迹，很快有了这个思路。这里很多大楼是办公场所，人来人往，大家早上8、9点到，下午4、5点就下班散了。一位在外滩3号工作的被采访者说，工作了几年下来，他都不知道海关大楼的钟到底每15分钟敲得有什么不一样。如果去问这片区的人他们对外滩的感觉，其实印象里是没留下什么特殊。于是就想到了"潮汐"，外滩人来人往，到了一个点人就都来了，到了另外一个点人就又都散了，和建筑群落的变迁联系到了一起，这是共通的。所以迅速锁定了"建筑的潮汐"可以成为我们创作的章节定名和内容。

这就是我们特别鲜活的工作的方式，同样，我们也把这种现场的体验和感觉如实记录并呈现出来。无论是当下还是若干年后，当人们看到这张照片或看到这段文字，还能感受到我们当时的那点触动，触摸到在时代的风雨洗刷中沉淀在建筑上的痕迹。

再说说对历史的尊重。这其实是显而易见的。

这和为什么我们一定要搜集历史，为什么要做考现，我们是怎么理解考现都是息息相关的。如果要考察现在，那无论是从空间上对这个区域，还是从时间上对这个区域，现在的、此刻的断代也好，你肯定要看它的来路，这是回避不掉的一个问题。那么它从哪里来，这就是历史。对历史不掌握的话，现在的这些考察完全都是腾空的。

去现场走也是，如果你一无所知的话，其实是没什么底气的。不知所以然地，皮毛地做一些记录。你在现场来来回回，差不多走了多少次？三十次以上。作为一线的观察者，你自己会有这种体会。当你掌握的内容储备不是特别详实的时候，即使到了现场，也根本看不懂，或者很难对眼前的观察产生判断。

三、考现的切入视角和选择的对象落点很大一部分都是和人文相关，这是为什么呢？

我们为什么会落到人文这个点？因为建筑虽然可阅读，但是它本身是没有温度的。要让建筑产生温度，或者一个城市有温度，它重要的落点还在人的身上。人是如何感受这个建筑的，如何看待这个建筑，在这些建筑里面是如何生存活动的，所以我们关注人文。在未来的水路行走里面也是，这就是我们的视角。同时，只有当你把视角放得非常的落地和细节，出来的东西才会有说服力，有深度和有温度。

日本的考现跟我们的考现完全不同，因为地缘人情不同。中国一直有地方志，但没有城史。城史包含了很多人文的记载，不像地方志，存史、育人、资政，功能不同，记述历史的角度是不一样的。

外滩是上海的地标。但是你怎样去传达这样一个地方的人文性呢？从游览区的概念来讲，它就是这十几栋建筑群（当然这些房子本来就充满传奇和故事，建筑样貌也很丰富，还有过两次大规模的建筑更新），这就引发了我们必须去了解这十几栋建筑背后是什么样的，做知其所以然的储备，这对于我们团队而言是一个基本的工作态度。

刚走到背后的时候，就发现外滩所在的中山东一路好比是一棵大树的树冠，后街区域就像是它庞大的根系。因为我们有案头上充分的准备，也有现场行走的感受，发现了许多反差，所以在 2011 年的时候我们就把这些反差记录下来。然后从 2016 年至今当我们要更完整地完成这个选题的时候，发现的就更多了，感受的东西也更加多了。

关于黄浦江水路的完整行走，外滩是作为一个极具代表性的场域部分。这本书是我们的黄浦江水路行走选题第一期的公开发表。

四、你提到过人文数据的概念，能说说它在你们考现研究中的价值吗？

谈到数据，直觉是个科学概念，关乎维度和数量。人文数据怎么解释呢？我们的理解，除了建筑之外，除了地表上能够看到的实物、设施之外，更多的是人的生存方式，人的活动内容。这些东西被记录下来，就是人文数据。表现方式是文字、手绘、照片、录音、影像，总之各种方式记录下有关的内容。

人文数据，它可能存在一个从量变到质变的过程。所有的人文内容如果单个地来看，单个照片，单个影像，采访的单个人，他（它）也许不具有一些代表性，但是如果积累到一定的量，达到一定规模的程度，就会产生我们所说的一个共性的数据，包括对这个区域整体的观感，或者他们产生的一个总体的生存状况。我们考现的过程中，不管是遇到的人，还是看到的东西，存在一定随机性。比如这家店，过两天没了，拆迁了，但马上还会再有新的店进驻，互相之间每每会有关联。遇上的人，看上去是一个随机的人，但类型化之后，如果是常住的居民，会采集居住了多少时间，居住的感受；如果是一个游客，会采集为什么要来此地，看到了什么，来这个地方有什么需求。这是一个连贯式的探究和采集，继而形成完整的考察。我们会选择的大部分受访者是常住居民，包括一部分流动户，也是长期在这片区域活动的。他摆个摊，或者他是一个租住在这里的人，有人租了大概有十几年了，或者更长的时间。对于这个区域的观察，他本身就具有一定的连续性。对我们来说，通过更好地了解这一块总体的文化现象和人文发展的反馈，得出的人文数据，是支撑起考现完整度和可信度的内容。

五、这场考现中最让你记忆深刻的困难是什么？

考现还不是一套科学的研究体系，没有已经形成套路的流程化的操作方法和手段。比如说有同事就曾遇到过这样的困惑，是不是去现场拍张照，然后写一段字就可以了？因为每次到现场都不知道今天会遇到谁，或者能发现一个什么东西。当然前期会做大量案头准备，会知道这里有一栋楼，那里有一个什么，有几个有历史关系的存在。但是真的到了现场，比如说今天天气好，有位老太太在修鞋子，愿意接受我们的访问，她还跟我们聊了聊他的女儿，所有的这些，它有不确定的因素，也是所谓现场的偶然性。有些同事就会产生一种不安全感，因为大部分的人在学校里接受的教育是必须有标准答案，当这个答案是开放式的时候，很多人就怕会答错。这跟理解有关。这件事情不是命题作文，或者说不是一个有标准答案的问题。不到现场，不知道会有什么；到现场，考现的观察会有无穷多个答案，角度需要自己发掘，所以考现没有一个标准答案。需要考现者具备从业的自信，对当下采集对象和现象判断之前要对历史来路有足够了解，加上有长期观察或浸润当地生活的经历，在现场才会有所谓敏锐和典型性现象的发现。

六、从这次对外滩的考现，你有什么最深的感触？

凡是去过纽约的人都会有这样的感觉，之所以可以被称为一座伟大的城市，是因为它足够有容量。这样的地方弹性很大，包容性很强。为什么能说海纳百川？它并不像有些新城。如果你去某一些新建的城镇或者城市里头，它里面什么都是新的，从路灯到路面。但在外滩地区就有 14 条永不可拓宽的道路，什么是永不可拓宽的道路？就是百多年前就长得这个样子。街道的宽窄，上街沿的宽窄（上海人对人行道的俗称），人行道和车行道的比例，它的高低距离感，和行道树的间隔距离都保持原有的比例样貌，尽可能保留它们最初的样子。上海其实跟全世界很多的特大型城市有一个很大的区别点，它不是事先被规划定的，是在发展过程中，在走向现代的这条路上逐步成型的。上海人特别善于干这个事情，不断地小修小补，积跬步以致千里，每一步都做的实际和扎实，符合每一次当下的需求。上海人有这样一种主动的包容，主动的接纳，不会动不动就全部换血、重造，总体还是比较和缓的。渗透似地接纳包容，这和我们一直说的上海的"海纳百川"是相吻合的。

现场的建筑阅读，除了刷新一些原有认知之外，当再回去案头收集这些相关的信息时，更能够感受到当时的气魄，尤其是上海城市快速发展时期，与这些大楼相关的民族资本家的那种气魄。比如四行储蓄会大楼，当时正是上海房地产刚兴起的时候，储蓄会就决定要造一栋最高的楼，并且要造在租界最中心的地方，来显示银行的实力，招揽业务。还有像原来的上海商业储蓄银行大楼、金城银行大楼、四明银行大楼等，无论从建筑的选址、体量、聘用的设计团队和建筑公司，内部的装潢，以及后期的使用、招商等，都给了我一种强烈的感觉，那就是当时的企业家对那个时代，对当时上海的一种信心。我们今天看到的所有历史书都在告诉我们,当年的十里洋场,是商业厮杀的一个战场。即便是这样,他们依然显示出对这个市场,对这个时代,对这座城市的极大的信心。因为假如没有这种信心,怎么敢投资巨额资金用于建筑的营造?这个是我们走在这个街区里,感受到的一个方面。

绝大多数的那些楼,并没有被焕然一新。有些被包起来,有些被相对忠实历史地修旧如旧,大楼样貌仿欧的居多,显示出还是那个年代的产物,它沧桑地面对着你,注视着你,跟你在对话。这些对话就是真正的建筑可阅读。

七、考现这个项目本身是一种尝试。从这个角度来说,外滩只是第一步,接下来还有哪些尝试?

2011年3月我们针对外滩后街,做过首次实验性的城市考察和探索之后,很快大概是2011年5月,我们就从黄浦江的源头一直到入海口进行了现场考察,前后累计17天。从整个作业上来讲,时间跨度有半年多,包括前期的案头的准备,17天是考察现场的部分,回来以后再有材料的梳理和再次的总结。

沿途发现了很多有意思的点。当时我们去的荒芜但却有一块石碑的黄浦江发源地,如今已经变成了一个公共绿地,非常美的供人休憩、参观游览的去处。还有当时发现的上海的"九龙城寨"——隆昌公寓,它是一个庞大的建筑群,里头居民的生活方式吸引了我们。还发现了靠近宝山、杨浦,在江边当时有大量闲置但是已经慢慢开始被转换功能的玻璃博物馆、半岛1919、五维创意园等等,当时记录下来的那些区域里头的人的生存和活动都非常有意思。所以我们今年把外滩的城市考现完成以后,接下来就要再次对黄浦江进行一轮相对更完整的考察。

现在大家都在讨论,市政府也在牵头规划的黄浦江45公里沿线公共空间的开发和开放,目前已经贯通,接下来水陆要联动起来。当这些空间变成公共空间的时候,功能是特别开放的,除了现在可供大众骑行、步行、健身跑步之外,还能带来些什么呢?

水路本身就很有意思,如果回到人类最原始的状态,都是逐水草而居。我们2011年有一个项目是上海水文化之旅,那时候就先从案头大量资料里梳理出来最原始的这条水路是怎么形成的,这段历史是怎样的。有水路就有渡口,有些渐成码头;也会有桥梁,有桥梁就能把两岸给贯通起来;桥梁的两侧,人越聚越多,可能会形成当时的城镇,也就是我们现在说的古镇,随着年代的推移会有很多历史遗迹;慢慢两岸的聚落和形成会越来越丰厚，人聚集多了，需要学校、宗教、工厂等等。当时我们把黄浦江考察了一遍以后，通过一路上的发现，对这条水路的现状有了点底。到了 2018 年，尤其黄浦江两岸的核心区，现在人们的生活方式是怎么样的，需求是怎么样的？对照我们之前的一些考察和准备过的案头内容，看看能不能有一些新的发现，包括我们能为这 45 公里公共空间的再次打造提供什么样的人文数据。

八、很多人翻阅整本书之后的第一个疑问可能是，为什么整体风格不一样？

风格的不统一可能跟我们的策划理念、创作理念有关系。针对考现团队的组成，我们就有过很多次的讨论。比如我们是不是搞一个征集，鼓励更多的人来参与这场考现。因为职业经历、文化背景不一样，走到街道上的感受是不一样的，那采集回来的东西也会不一样，这样的结果可能会更丰富、更多元。但最终我们打消了这样的念头，因为有一个最基本的东西在指导我们在做这项工作。事实上需要有一个统一理念，比如说对于考现的概念的解读，这里头包含着工作的目的和工作的初衷，这需要事先统一。因此，考现成员还是锁定在公司内部的团队里。每位同事有自己的专业背景，尤其是到了我们公司这样一个工作平台上，十多年来配合上海各政府部门进行城市形象的海内外推广，参与过城市多项重大营销活动的设计与组织，有这样的工作历练的团队，能对城市选题有独特的经验和理解。

由于团队同事会有不同年龄或者地域区别，我觉得本身就会产生丰富性。你从小生长在这个区域里面，从小看到大，能看到它的变化是什么样子。如果你是以全新的眼光去看这片区域，看到的又会是另外的角度。比如小时候爸爸妈妈带着你到外滩去玩过，在这里吃过什么，买过什么，甚至现在还找得出来小时候在这里拍过的一张留念照片。那就跟你现在只是一个年轻人，到外滩去观察的成果是完全不同的。

而我们一直强调的现场感，在这本书的呈现上最后统一到现场笔记的形式。因为是现场笔记，由于每个人做笔记的方式不同，所以就造成了这本书风格的不同。既然没有很多先例可以参考，我们就索性在这里做一些尝试。试一试，如果一本书风格不一样，那它会是什么效果。在这本书里，或者在这个选题里面呈现出来的结果的丰富性，其实和我们一贯的工作理念，和整个上海的城市精神是一脉相承的。所以我说这本书就这样放着好了，也是一种信心。

2018 年 4 月 20 日 上海

主要参考书目

张仲礼.《近代上海城市研究（1840-1949）》.上海文艺出版社，2008.

张仲礼、陈曾年.《沙逊集团在旧中国》.人民出版社，1985.

罗小未.《上海建筑指南》.上海人民美术出版社，1996.

罗苏文.《上海：一座近代都市的小传》.上海人民出版社，2009.

伍江.《上海百年建筑史：1840-1949（第二版）》.同济大学出版社，2008.

常青.《摩登上海的象征——沙逊大厦建筑实录与研究》.上海锦绣文章出版社，2011.

常青.《都市遗产的保护与再生——聚焦外滩》.同济大学出版社，2009.

常青.《大都市从这里开始——上海南京路外滩段研究》.同济大学出版社，2005.

陈祖恩.《上海日侨社会生活史（1868-1945）》.上海辞书出版社，2009.

陈从周、章明.《上海近代建筑史稿》.上海三联书店，1988.

张鹏.《都市形态的历史根基——上海公共租界市政发展和都市变迁研究》.同济大学出版社，2008.

王方.《"外滩源"研究：上海原英领馆街区及其建筑的时空变迁（1843-1937）》.东南大学出版社，2011.

王绍周.《上海近代城市建筑》.江苏科学技术出版社，1989.

忻平.《从上海发现历史：现代化进程中的上海人及其社会生活：1927—1937》.上海大学出版社，2009.

许乙弘.《Art Deco 的源与流：中西摩登建筑关系研究》.东南大学出版社，2006.

钱宗灏，等.《百年回望——上海外滩建筑与景观的历史变迁》.上海科学技术出版社，2005.

邓明.《上海百年掠影：1840s-1940s》.上海人民美术出版社，1992.

郑祖安.《上海历史上的苏州河》.上海社会科学院出版社，2006.

郑时龄.《上海近代建筑风格》.上海教育出版社，1999.

上海市档案馆.《旧上海的证券交易所》.上海古籍出版社，1992.

上海博物馆.《上海市民考古手册》.北京大学出版社，2014.

薛顺生.《回眸苏州河畔建筑》.同济大学出版社，2004.

薛理勇、王建清.《外滩万国建筑博览》.上海书店出版社，1991.

薛理勇.《老上海浦塘泾浜》.上海书店出版社，2015.

叶亚廉、夏林根.《上海的发端》.上海翻译出版公司，1992.

朱晓明、祝东海.《勃艮第之城——上海老弄堂生活空间的历史图景》.中国建筑工业出版社，2012.

张姚俊.《外滩传奇》.上海文化出版社，2005.

黄国新、沈福熙.《老建筑的趣闻：上海近代公共建筑史话》.同济大学出版社，2005.

黄苇、夏林根.《近代上海地区方志经济史料选辑》.上海人民出版社，1984.

洪泽.《上海研究论丛（第 1-8 辑）》.上海社会科学院出版社，1988-1989.

章明.《上海外滩源历史建筑（一期）》.上海远东出版社，2007.

李天纲.《南京路：东方全球主义的诞生》.上海人民出版社，2009.

乔争月、张雪飞.《上海外滩建筑地图》.同济大学出版社，2015.

黎霞.《老上海城记 - 马路传奇》.上海锦绣文章出版社，2010.

沈寂.《老上海南京路》.上海人民美术出版社，2003.

孙平.《上海城市规划志》.上海社会科学院出版社，1999.

唐玉恩.《上海外滩东风饭店保护与利用》.中国建筑工业出版社，2013.

汤伟康，等.《上海轶事》.上海文化出版社，1987.

王后哲、周鸣冈、周飞卿，等.《上海宝鉴》.世界书局，1925.

《上海市地图集》编纂委员会.《上海市地图集》.中国地图出版社，2010.

《上海地名志》编纂委员会.《上海地名志》.上海社会科学院出版社，1998.

《旧上海的房地产经营》.上海人民出版社，1990.

《旧上海的外商与买办》.上海人民出版社，1989.

王绍周、陈志敏.《里弄建筑》.上海科学技术文献出版社，1987.

薛顺生、娄承浩.《上海百年建筑师和营造师》.同济大学出版社，2011.

陈丹燕.《外滩影像和传奇》.作家出版社，2008.

陈丹燕.《永不拓宽的街道》.东方出版中心，2008.

一石文化＋设计及文化工作室.《北京跑酷》.生活•读书•新知三联书店，2009.

袁念琪.《十字街头》.学林出版社，2004.

袁念琪.《上海起步的地方》.百家出版社，2010.

白吉尔.（法）《上海史：走向现代之路》.上海社会科学院出版社，2009.

梅朋、傅立德.（法）《上海法租界史》.倪静兰译.上海译文出版社，1983.

马长林.《上海的租界》.天津教育出版社，2009.

木之内诚.（日）《上海歴史ガイドマップ（増補改訂版）》.大修館書店，2011.

今 和次郎.（日）《考現学入門》.筑摩書房，2010.

铃木 博之，等.（日）《图说西方建筑风格年表》.清华大学出版社，2013.

泉 麻人.（日）《東京考現学図鑑》.学研パブリッシング，2011.

赤瀬川 原平、藤森 照信、南 伸坊.（日）《路上観察学入門》.筑摩書房，2010.

松田 力.（日）《東京建築散步》.黄友玫译.漫游者文化事业股份有限公司出版，2017.

都築 響一，等.（日）《新•東京の地誌学 都市を発見するために》.INAX，2002.

田島则行、久野纪光、纳村信之.（日）《都市 / 建築》.INAX，2006.

罗兹•墨菲.（美）《上海：现代中国的钥匙》.上海社会科学院历史研究所编译.上海人民出版社，1986.

李欧梵.（美）《上海摩登：一种新都市文化在中国（1930-1945）（修订版）》.毛尖译.人民文学出版社，2010.

雅各布斯.（美）《伟大的街道》.王又佳、金秋野译.中国建筑工业出版社，2008.

Barber N.《The Fall of Shanghai》.Coward, McCann & Geoghegan,1979.

Hahn E.《China to Me a partial biography》,1944.

Hibbard P.《The Bund》.Odyssey Books & Guides,2011.

Johnston T、Erh D.《A Last look: Western Architecture in Old Shanghai》.Old China Hand Press,1993.

Ken Cuthbertson.《Nobody said not to go》.Faber and Faber,Inc,1998.

Pott F F.《A Short History of Shanghai》.D.D China Intercontinental Press,2008.

Snow H F.《My China Years》.William Morrow & Co,1984.

Sergeant H.《Shanghai》.Jonathan Cape Ltd,1990.

《150 Years of The Bund》.Shanghai People's Fine Arts Publishing House，2008.

部分报刊杂志《城市中国》、《华中建筑》、《建筑师》、《建筑学报》、《时代建筑》等

上海市地方志办公室 www.shtong.gov.cn

上海年华 memory.library.sh.cn

中国历史建筑保护网 www.aibaohu.com

上海图书馆 www.library.sh.cn

《大陆报》（The China Press）

《密勒氏评论》（Milliard's Review）

《社交上海》（Social Shanghai）

《上海泰晤士报》及其周日版（Shanghai Times & Shanghai Sunday Times）

《同济大学学报（社会科学版）》

《远东时报》（Far Eastern Review）

《字林西报》及其周末版《北华捷报》（North China Daily News & North China Herald）

图书在版编目(CIP)数据

外滩解码：城市考察发现笔记/红砖头著.—上
海：上海人民出版社,2018
ISBN 978-7-208-15327-1

Ⅰ.①外⋯　Ⅱ.①红⋯　Ⅲ.①黄浦区-地方史　Ⅳ.
①K295.13

中国版本图书馆 CIP 数据核字(2018)第 157370 号

责任编辑　张晓玲
装帧设计　红砖文化

版权所有。未经出版方许可,不得擅自以任何方式,如电子、机械、录制等手段复制,或在检索系统中
储存或传播本书中的任何章节,除出于评论目的的简短摘录,不得擅自将本书用于商业目的。

书中图片由上海红砖文化传播有限公司持有版权,图片为公开采访记录,若涉及肖像权,敬请联系并
告知。我们对书中被访者的观点保持中立,仅供参考、交流之目的。

虽然本书作者、信息提供者以及出版者在写作和储备过程中全力保证本书质量,但是作者、信息提供
者以及出版者不能完全对本书内容之准确性、完整性做出任何明示或暗示之声明或保证,并只在法律
规定范围内承担责任。

外滩解码
——城市考察发现笔记
红砖头　著

出　　　版　上海人民出版社
　　　　　　(200001　上海福建中路 193 号)
发　　　行　上海人民出版社发行中心
印　　　刷　上海雅昌艺术印刷有限公司
开　　　本　720×1000　1/16
印　　　张　18.25
插　　　页　4
字　　　数　198,000
版　　　次　2018 年 6 月第 1 版
印　　　次　2018 年 6 月第 1 次印刷
ISBN 978-7-208-15327-1/K·2766
定　　　价　98.00 元

感谢以下人士给予帮助

福本真宪先生、陈祖恩先生、强华女士、程梅红女士、毛小曼女士、李彬诚先生、陈平先生、李安女士、刘传铭先生、荻原正三先生、笹原克先生、中山繁信先生、中川宪造先生、山口胜治先生、王颖琳女士、严俊先生、石磊先生；

上海人民出版社王为松社长、张晓玲编辑，以及所有行走过程中我们曾经邂逅的，与我们交谈的，为我们提供信息的居民、保安、门卫、店主、摊主、快递员、外卖送餐员、环卫工人、学生、路人……

谢谢！

本书是团队成员共同努力的结晶

"红砖头"即是红砖文化：

刘畅尹、陈胤、蒋东泽、林莹斐、熊楚天、钱为辞、胡雪迪、顾敏、余倩、徐晓青、刘清、吴柳艳、邹智、陈建平、张豪杰、杨艺璇、邱云婷、吴静、迟菲菲、潘佳妮

《外滩解码》只是"城市考现"项目的阶段性成果之一，我们并不讳言这本书存在种种不足，抛"砖"引玉，期待读者的批评、指正。

内封底图取自 1855 年工部局工程师绘制的上海外滩地区地图局部（上海城市建设档案馆馆藏）